选三型彩票

中奖方法与技巧

● 福彩 3D ● 体彩 排列三

彩乐乐 编著

经济管理出版社
ECONOMY & MANAGEMENT PUBLISHING HOUSE

图书在版编目（CIP）数据

选三型彩票中奖方法与技巧/彩乐乐编著. —北京：经济管理出版社，2016.12（2018.7 重印）
ISBN 978-7-5096-4656-4

Ⅰ. ①选… Ⅱ. ①彩… Ⅲ. ①彩票—基本知识—中国 Ⅳ. ①F832.5

中国版本图书馆 CIP 数据核字（2016）第 241802 号

组稿编辑：杨国强
责任编辑：杨国强 张瑞军
责任印制：司东翔
责任校对：超 凡

出版发行：经济管理出版社
（北京市海淀区北蜂窝 8 号中雅大厦 A 座 11 层 100038）
网 址：www. E-mp. com. cn
电 话：（010）51915602
印 刷：玉田县昊达印刷有限公司
经 销：新华书店
开 本：710mm×1000mm/16
印 张：10
字 数：120 千字
版 次：2017 年 1 月第 1 版 2018 年 7 月第 2 次印刷
书 号：ISBN 978-7-5096-4656-4
定 价：38.00 元

前 言

　　通过长期的观察，发现每一期开奖号码都可以在之前的开奖号码中找到，并且三码之间离得很近，下期号码基本上都在附近出现，所以总结出本书中所讲解的选号方法，不仅简单、易学，而且可以精准预测。

　　为了更优质地预测以达到精准中奖的目的，特重点声明：方法是高概率的，但是，切记不要混用，必须按照逻辑步骤进行操作，必要时可以先用该方法检验5~10期的正确率，然后再使用。

　　使用重点在于学习与思考加实战，慢慢发现、慢慢领悟，一步一步地做，效果会很明显。

　　本书写给那些喜欢购彩，却又不知如何去选号码的彩民，把选号视觉化、触觉化、立体化。心态保持平常，就可以轻松中奖了。

　　中不中奖，第一是方法，第二是运气。书中的方法加自己原有的方法加平和的心态，就是最好的方法。

　　中彩是一种概率，玩彩是一种乐趣。切勿痴迷！

彩乐乐

目 录

第一章

重要术语解释

懂得术语，方能成为专业。

术语是指各门学科中的专门用语，用来正确标记生产技术、科学、艺术、社会生活等各专门领域中的事物、现象、特性、关系、过程的用语。

为了便于帮助大家理清思路，更好、更快地抓住本书的重点，由浅入深地了解和掌握，特别把有关术语汇总于此。只有了解和掌握了这些术语，才能称得上是一个真正的选三型彩票的初级爱好者。

（1）012 路：在数字三型彩票中把除三余零的数字定义为 0 路，把除三余 1 的数字定义为 1 路，把除三余 2 的数字定义为 2 路，即：

0 路包括的数字：0、3、6、9；

1 路包括的数字：1、4、7；

2 路包括的数字：2、5、8。

（2）单选：（也称为直选）即投注者选择的每个位置的数字

必须与开奖号码的同一位置数字相同。也就是说，投注者所选的 3 个号码与开奖号码不仅数字相同，位置和排列顺序也要相同；如开奖号码 678，投注者所购买的彩票号码也必须是 678，而且数字排列的顺序也要正确才能中奖，否则不能中奖。选三型彩票的直选号码共有 1000 注。

（3）组选：单选之外的号码类型称为组选。组选所选出的号码可以和开奖号码的位置、顺序不一样，但是数字必须完全一样才能中奖，如开奖号码为 598，那么 589、859、958、985 都算组选中奖。

（4）跨度：也称最大间距，是指开奖号中最大号码减最小号码的差值。如开奖号 172，跨度 = 最大数 7 − 最小数 1 = 6，即跨度为 6。

跨度是一个很重要的参数指标；如果能确定一个跨度，那至少可以确定一个或几个两码组合，比如：

跨度 9 的组合：09；

跨度 8 的组合：08、19；

跨度 7 的组合：07、18、29；

跨度 6 的组合：06、17、28、39；

跨度 5 的组合：05、16、27、38、49；

跨度 4 的组合：04、15、26、37、48、59；

跨度 3 的组合：03、14、25、36、47、58、69；

跨度 2 的组合：02、13、24、35、46、57、68、79，跨度 2 的号码一定是顺子、组三。

跨度 1 的组合：01、12、23、34、45、56、67、78、89，跨度 1 的号码一定是组三；

跨度 0 的组合：00、11、22、33、44、55、66、77、88、99，跨度 0 的号码一定是豹子。

（5）组三：1 注号码中，3 个数字有 2 个数字相同，这样的号码称为"组 3"，如 122、133 等。"组 3"共计 270 注单选，合并为组选共 90 注。

（6）组六：指开奖号中的 3 个号码都不相同就称为"组 6"，如 234、256、359 等。"组 6"共计 720 注单选，合并为组选共 120 注。

（7）豹子：三个数字均相同的号码称为豹子，豹子合计 10 注（000、111、222、333、444、555、666、777、888、999），理论上每 100 期中出 1 次。

（8）开机号：每天启动控制系统时落下的第一组单式票即为开机号（每期开机号有单选和组选各一注，通常把单选的一注称作开机号）。

（9）试机号：摇奖大厅一般准备两套摇奖机器（分 1 号机、2 号机）和两套摇奖用球（分 1 号球、2 号球），每天晚上 6：30 左右，摇奖大厅会用一套机器和一套球先试验一下机器和球，这样开出来的号码就叫试机号。比如这期开的试机号是 2 机 2 球 817，表示今天摇奖将用 2 号机和 2 号球，试机号是 817。当天的开奖号码是用开试机号的摇奖机器和试机用球摇出当天的开奖号码。

（10）定胆：定出最有可能出的数，又分金胆号和银胆号。

（11）杀号：将下期开奖中几乎不会出现的数字删除，可以大大缩小选号范围，因此深受彩民喜爱。

（12）定位：百、十、个位三个号位上排除自己认为不可能出现的单码后，剩下可能出现的各种组合形式。

（13）胆拖：购买彩票时，在 0~9 十个号码中选出一到两个号码为胆码，固定以这一到两个号码与其他号码分别组成单式或者复式号码进行投注，固定不变的号码为胆码，其他变化的号码为拖码，简称胆拖。

（14）和值：一注号码中三个数字的总和。如 293，和值为 2＋9＋3=14。和值有 0~27，共 28 个结果，正常和值为 9~16。

（15）奇偶：奇 1、3、5、7、9；偶 2、4、6、8、0。奇偶有多种形态。组选（4 种形态）：全偶、2 偶 1 奇、1 偶 2 奇、全奇。单选奇偶（8 种形态）：偶偶偶、偶偶奇、偶奇偶、奇偶偶、奇偶奇、奇奇偶、偶奇奇、奇奇奇。

（16）大小：小 0、1、2、3、4；大 5、6、7、8、9。大小有多种形态。组选（4 种形态）：全小、2 小 1 大、1 小 2 大、全大。单选大小（8 种形态）：小小小、小小大、小大小、大小小、大小大、大大小、小大大、大大大。

（17）大中小：就是把大号和小号做进一步的划分，能更细致地分析号码信息。

小：0、1、2；

中：3、4、5、6；

大：7、8、9。

组选大中小有 9 种形态，单选大中小有 27 种形态。

（18）质数：和数学里的质数基本一样，但为了平衡质数与合数，系统将 1 也认定为质数，即 1、2、3、5、7 为质数。

（19）连号：相对于组选来说的，即号码之间的间隔是 1，如开奖号是 014，则有 2 个连续号 0 和 1。注：系统认为 0 与 9 构成连号。

（20）AC 值：也称作"数字复杂指数"，它是引自国外乐透型彩票分析研究的一个概念，是评估乐透型彩票号码价值的重要参数。一组号码中所有两个号码相减，然后对所得的差求绝对值，如果有相同的数字，则只保留一个，得到不同差值个数就是 AC 值。

例如：开奖号码378，其所有两个号码差值绝对值分别是4、1、5，它的差值个数是3，所以 AC 值等于3。

AC 值共有三个值，分别是1、2、3。其中 AC 值为1的号码为豹子号（如222、555等），此类号码共10注。AC 值为2的号码包括组3号和等差号码（如332、246等），此类号码共390注。AC 值为3的号码是除了 AC 值等于1和2之外的所有号码，此类号码共600注。

（21）位和与位差：当期开奖号百、十、个位各个相加所得的和值为位和，即百位加十位、百位加个位、十位加个位相加的和值。当期开奖号百、十、个位各个相减所得的绝对值为位差，即百位减十位、百位减个位、十位减个位相减差值的绝对值。

（22）胆码：当期号码的必出码（也叫金号、金码），胆码分单码和两码。如果能确定当期的单码和两码就能大大杀掉一些多余的号码，以减少投注的数量，降低成本；但如果定的胆码出错则满盘皆输。

（23）跟随号码：是对指定开奖号码（一般为最新开奖号码）中每个数字在以往开奖历史数据中跟随数字的次数统计后次数大于0的数字集合，分单选跟随和组选跟随。单选跟随号码是按百、十、个位置进行分析的号码跟随；组选跟随是不分位置的号码跟随。

（24）斜连值：是指上下两期号码在组选分布图中所能连成斜线的个数。如奖号179，奖号358，如图1-1所示，7与8是斜连。

1 7 9

3 5 8

图1-1 斜连值

（25）和尾：将开奖号码百、十、个位相加得到一个和值，所得个位数就是尾。

本章归纳

本章主要讲解选三型彩票的相关专业术语，重在理解，并不需要死记硬背。新彩民，务必从此开始。至于老彩民，也不可丢掉关键的知识。

后边讲解的选三型彩票选号方法还会涉及部分术语，所以不容忽视。

|第二章|

定胆与杀号

第一节　取胆法

现在玩彩票的人越来越多了，可是选号是个烦琐的工作，0~9十个号码，1000种组合，怎么选择呢？

常言道："瞎猫碰到死耗子。"什么时候才能碰到死耗子呢？

彩票，不是碰运气，而是有方法、有路子可以走的。第一步就是定胆码，也就是说定必出码。有没有高概率定胆码的方法呢？有。

一、定胆公式

（1）定胆公式 =（ABC × 602）/49　注：运算结果取前三，过滤重复数。

以福彩 3D 为例。

表 2-1　定胆（一）

期号	开奖号	运算胆	胆码	验证
2016182	489	6007	607	695　正确
2016183	695	8538.57143	853	703　正确
2016184	703	8636.85714	863	380　正确
2016185	380	4668.57143	468	618　正确
2016186	618	7592.57143	759	139　正确
2016187	139	1707.71429	170	099　正确
2016188	099	1216.28571	126	790　错误
2016189	790	9705.71429	970	823　错误
2016190	823	10111.1429	104	308　正确
2016191	308	3787	378	661　错误
2016192	661	8120.85714	812	695　错误
2016193	695	8538.57143	853	407　错误
2016194	407	5000.28571	502	610　正确
2016195	610	7494.28571	749	907　正确
2016196	907	11143.1429	143	915　正确
2016197	915	11241.4286	124	303　错误
2016198	303	3722.57143	372	347　正确
2016199	347	4263.14286	426	932　正确
2016200	932	11450.2857	145	320　错误
2016201	320	3931.42857	391	784　错误
2016202	784	9632	963	975　正确
2016203	975	11978.5714	197	329　正确
2016204	329	4042	402	499　正确
2016205	499	6130.57143	613	173　正确
2016206	173	2125.42857	215	596　正确
2016207	596	7322.28571	732	950　错误
2016208	950	11671.4286	167	023　错误
2016209	023	282.571429	285	279　正确
2016210	279	3427.71429	342	634　正确
2016211	634	7789.14286	789	038　正确
2016212	038	466.857143	468	173　错误

期号	开奖号	运算胆	胆码	验证
2016213	173	2125.42857	215	942 正确
2016214	942	11573.1429	157	144 正确
2016215	144	1769.14286	176	334 错误
2016216	334	4103.42857	410	038 正确
2016217	038	466.857143	468	233 错误
2016218	233	2862.57143	286	410 错误
2016219	410	5037.14286	503	367 正确
2016220	367	4508.85714	450	808 正确
2016221	808	9926.85714	926	404 错误
2016222	404	4963.42857	496	297 正确
2016223	297	3648.85714	364	278 错误
2016224	278	3415.42857	341	212 正确
2016225	212	2604.57143	260	289 正确
2016226	289	3550.57143	350	698 错误
2016227	698	8575.42857	857	188 正确
2016228	188	2309.71429	230	378 正确
2016229	378	4644	46	497 正确
2016230	497	6106	610	458 错误
2016231	458	5626.85714	562	?

（2）定胆公式＝（ABC＋B＋982）/3.141　注：运算结果取前三，过滤重复数。

以福彩 3D 为例。

表 2-2　定胆（二）

期号	开奖号	运算胆	胆码	验证
2016182	489	470.86915	470	695 错误
2016183	695	536.771729	536	703 正确
2016184	703	536.453359	536	380 正确
2016185	380	436.166826	436	618 正确

期号	开奖号	运算胆	胆码	验证	
2016186	618	509.710283	509	139	正确
2016187	139	357.847819	357	099	错误
2016188	099	347.023241	347	790	正确
2016189	790	567.016874	567	823	错误
2016190	823	575.294492	572	308	错误
2016191	308	410.69723	410	661	正确
2016192	661	524.992041	524	695	正确
2016193	695	536.771729	536	407	错误
2016194	407	442.215855	421	610	正确
2016195	610	507.163324	507	907	正确
2016196	907	601.400828	601	915	正确
2016197	915	604.266157	604	303	正确
2016198	303	409.10538	409	347	正确
2016199	347	424.387138	423	932	正确
2016200	932	610.315186	610	320	正确
2016201	320	415.154409	415	784	正确
2016202	784	564.788284	564	975	正确
2016203	975	625.278574	625	329	正确
2016204	329	418.019739	418	499	正确
2016205	499	474.371219	473	173	正确
2016206	173	369.945877	369	596	正确
2016207	596	505.253104	502	950	正确
2016208	950	616.682585	618	023	错误
2016209	023	320.598535	320	279	正确
2016210	279	403.693091	403	634	正确
2016211	634	515.44092	514	038	错误
2016212	038	325.692455	325	173	正确
2016213	173	369.945877	369	942	正确
2016214	942	613.817256	613	144	正确
2016215	144	359.758039	359	334	正确
2016216	334	419.929959	419	038	错误

续表

期号	开奖号	运算胆	胆码	验证
2016217	038	325.692455	325	233 正确
2016218	233	387.774594	387	410 错误
2016219	410	443.489335	443	367 正确
2016220	367	431.391277	431	808 错误
2016221	808	569.882203	569	404 错误
2016222	404	441.260745	412	297 正确
2016223	297	410.06049	410	278 错误
2016224	278	403.374721	403	212 错误
2016225	212	380.452085	380	289 正确
2016226	289	407.195161	407	698 错误
2016227	698	537.726839	537	188 错误
2016228	188	375.039796	375	378 正确
2016229	378	435.211716	435	497 正确
2016230	497	473.734479	473	458 正确
2016231	458	460.044572	460	?

（3）定胆公式 =（ABC + 143）/619　注：运算结果取前三，过滤重复数。

以福彩 3D 为例。

表 2-3　定胆（三）

期号	开奖号	运算胆	胆码	验证
2016182	489	1.02100162	102	695 错误
2016183	695	1.35379645	135	703 正确
2016184	703	1.36672052	136	380 正确
2016185	380	0.84491115	084	618 正确
2016186	618	1.22940226	129	139 正确
2016187	139	0.45557351	045	099 正确
2016188	099	0.39095315	039	790 正确
2016189	790	1.50726979	150	823 错误
2016190	823	1.56058158	156	308 错误

期号	开奖号	运算胆	胆码	验证	
2016191	308	0.72859451	072	661	错误
2016192	661	1.29886914	129	695	正确
2016193	695	1.35379645	135	407	错误
2016194	407	0.88852989	085	610	正确
2016195	610	1.21647819	126	907	错误
2016196	907	1.69628433	169	915	正确
2016197	915	1.7092084	170	303	正确
2016198	303	0.72051696	072	347	正确
2016199	347	0.79159935	079	932	正确
2016200	932	1.73667205	173	320	正确
2016201	320	0.74798061	074	784	正确
2016202	784	1.49757674	149	975	正确
2016203	975	1.80613893	180	329	错误
2016204	329	0.76252019	076	499	错误
2016205	499	1.0371567	103	173	正确
2016206	173	0.51050081	051	596	正确
2016207	596	1.19386107	193	950	正确
2016208	950	1.76575121	176	023	错误
2016209	023	0.26817447	026	279	正确
2016210	279	0.68174475	068	634	正确
2016211	634	1.2552504	125	038	错误
2016212	038	0.29240711	029	173	错误
2016213	173	0.51050081	051	942	错误
2016214	942	1.75282714	175	144	正确
2016215	144	0.46365105	046	334	正确
2016216	334	0.77059774	075	038	正确
2016217	038	0.29240711	029	233	正确
2016218	233	0.60743134	067	410	正确
2016219	410	0.89337641	089	367	错误
2016220	367	0.8239090953	082	808	正确
2016221	808	1.53634895	153	404	错误

续表

期号	开奖号	运算胆	胆码	验证
2016222	404	0.88368336	083	297　错误
2016223	297	0.71082391	071	297　正确
2016224	278	0.68012924	068	212　错误
2016225	212	0.57350565	057	289　错误
2016226	289	0.69789984	069	698　正确
2016227	698	1.35864297	135	188　正确
2016228	188	0.53473344	053	378　正确
2016229	378	0.84168013	084	497　正确
2016230	497	1.03392569	103	458　错误
2016231	458	0.97092084	097	？

二、一三层级定胆法

一三层级定胆法，顾名思义就是利用五期开奖号码的一层与三层定出下一期的胆码。

操作步骤：以本期开奖号码为第一层号码向上数三期，第三层开奖号码时会有胆码出现，再向上数到第五期，第五层号码也会有胆码出现。

以福彩 3D 为例。

表 2-4　定胆（四）

期号	开奖号	胆码	验证
2016182	489	？	？
2016183	695	？	？
2016184	703	？	？
2016185	380	？	？
2016186	618	？	？
2016187	139	703 489	正确
2016188	099	380 695	正确
2016189	790	618 703	正确

期号	开奖号	胆码	验证
2016190	823	139 380	正确
2016191	308	099 618	正确
2016192	661	790 139	正确
2016193	695	823 099	正确
2016194	407	308 790	正确
2016195	610	661 823	正确
2016196	907	695 308	正确
2016197	915	407 661	正确
2016198	303	610 695	正确
2016199	347	907 407	正确
2016200	932	915 610	正确
2016201	320	303 907	正确
2016202	784	347 915	正确
2016203	975	932 303	正确
2016204	329	320 347	正确
2016205	499	784 932	正确
2016206	173	975 320	正确
2016207	596	329 784	正确
2016208	950	499 975	正确
2016209	023	173 329	正确
2016210	279	596 499	正确
2016211	634	950 173	正确
2016212	038	023 596	正确
2016213	173	279 950	正确
2016214	942	634 023	正确
2016215	144	038 279	错误
2016216	334	173 634	正确
2016217	038	942 038	正确
2016218	233	144 173	正确
2016219	410	334 942	正确
2016220	367	038 144	正确

续表

期号	开奖号	胆码	验证
2016221	808	233 334	错误
2016222	404	410 038	正确
2016223	297	367 233	正确
2016224	278	808 410	正确
2016225	212	404 367	错误
2016226	289	297 808	正确
2016227	698	278 404	正确
2016228	188	212 297	正确
2016229	378	289 278	正确
2016230	497	698 212	正确
2016231	458	188 289	正确

第二节　高效杀号法

选三型彩票，选择号码共有 1000 种组合形式，怎么选呢？这个问题既是客观存在的，也是无法改变的。所以我们只能去掉几个出现概率低的号码，以减少投注，并提高中奖概率。这样说来，杀号就成了必要的方法。

下面介绍一些可以准确杀号的方法。

神杀十一法：以排列三为例

（1）杀上期和值的头数、尾数以及头尾相加的和数。

表 2-5　杀号（一）

期号	开奖号码	和值	杀号	验证
2016182	200	2	24	573　正确
2016183	573	15	156	359　错一

期号	开奖号码	和值	杀号	验证
2016184	359	17	178	542 正确
2016185	542	11	12	811 错一
2016186	811	10	10	307 错一
2016187	307	10	10	842 正确
2016188	842	14	145	131 错一
2016189	131	5	510	026 错一
2016190	026	8	816	208 错一
2016191	208	10	10	325 正确
2016192	325	10	10	783 正确
2016193	783	18	189	557 正确
2016194	557	17	178	024 正确
2016195	024	6	612	339 正确
2016196	339	15	156	300 正确
2016197	300	3	36	289 正确
2016198	289	19	190	510 错二
2016199	510	6	612	583 正确
2016200	583	16	167	374 错一
2016201	374	14	145	584 错二
2016202	584	17	178	044 正确
2016203	044	8	816	244 正确
2016204	244	10	10	435 正确
2016205	435	12	123	788 正确
2016206	788	23	235	775 错一
2016207	775	19	190	284 正确
2016208	284	14	145	299 正确
2016209	299	20	20	305 错一
2016210	305	8	816	463 错一
2016211	463	13	134	693 错一
2016212	693	18	189	658 错一
2016213	658	19	190	709 错二
2016214	709	16	176	787 错一

续表

期号	开奖号码	和值	杀号	验证
2016215	787	22	24	398　正确
2016216	398	20	20	449　正确
2016217	449	17	178	900　正确
2016218	900	9	918	047　正确
2016219	047	11	12	073　正确
2016220	073	10	10	612　错一
2016221	612	9	918	425　正确
2016222	425	11	12	063　正确
2016223	063	9	918	656　正确
2016224	656	17	178	636　正确
2016225	636	15	156	016　错二
2016226	016	7	714	397　错一
2016227	397	19	190	865　正确
2016228	865	19	190	042　错一
2016229	042	6	612	566　错一
2016230	566	17	178	285　错一
2016231	285	15	156	?

（2）杀掉最近开出对子的两个号码。

表2-6　杀号（二）

期号	开奖号码	杀号	验证
2016182	200	?	?
2016183	573	?	?
2016184	359	?	?
2016185	542	?	?
2016186	811	?	?
2016187	307	18	842　错一
2016188	842	18	131　错一
2016189	131	18	026　正确
2016190	026	13	208　正确

期号	开奖号码	杀号	验证
2016191	208	13	325 错一
2016192	325	13	783 错一
2016193	783	13	557 正确
2016194	557	13	024 正确
2016195	024	57	339 正确
2016196	339	57	300 正确
2016197	300	39	289 错一
2016198	289	30	510 错一
2016199	510	30	583 错一
2016200	583	30	374 错一
2016201	374	30	584 正确
2016202	584	30	044 错一
2016203	044	30	244 正确
2016204	244	30	435 错一
2016205	435	24	788 正确
2016206	788	24	775 正确
2016207	775	78	284 错一
2016208	284	75	299 正确
2016209	299	75	305 错一
2016210	305	29	463 正确
2016211	463	29	693 错一
2016212	693	29	658 正确
2016213	658	29	709 错一
2016214	709	29	787 正确
2016215	787	29	398 错一
2016216	398	78	449 正确
2016217	449	78	900 正确
2016218	900	49	047 错一
2016219	047	90	073 错一
2016220	073	90	612 正确
2016221	612	90	425 正确

续表

期号	开奖号码	杀号	验证
2016222	425	90	063 错一
2016223	063	90	656 正确
2016224	656	90	636 正确
2016225	636	56	016 错一
2016226	016	36	397 错一
2016227	397	36	865 错一
2016228	865	36	042 正确
2016229	042	36	566 错一
2016230	566	36	285 正确
2016231	285	56	?

（3）和值尾杀下期一码。

表 2-7　杀号（三）

期号	开奖号码	和值	杀号	验证
2016182	200	2	2	573 正确
2016183	573	15	5	359 错误
2016184	359	17	7	542 正确
2016185	542	11	1	811 错误
2016186	811	10	0	307 错误
2016187	307	10	0	842 正确
2016188	842	14	4	131 正确
2016189	131	5	5	026 正确
2016190	026	8	8	208 错误
2016191	208	10	0	325 正确
2016192	325	10	0	783 正确
2016193	783	18	8	557 正确
2016194	557	17	7	024 正确
2016195	024	6	6	339 正确
2016196	339	15	5	300 正确
2016197	300	3	3	289 正确

续表

期号	开奖号码	和值	杀号	验证
2016198	289	19	9	510 正确
2016199	510	6	6	583 正确
2016200	583	16	6	374 正确
2016201	374	14	4	584 错误
2016202	584	17	7	044 正确
2016203	044	8	8	244 正确
2016204	244	10	0	435 正确
2016205	435	12	2	788 正确
2016206	788	23	3	775 正确
2016207	775	19	9	284 正确
2016208	284	14	4	299 正确
2016209	299	20	0	305 错误
2016210	305	8	8	463 正确
2016211	463	13	3	693 错误
2016212	693	18	8	658 错误
2016213	658	19	9	709 错误
2016214	709	16	6	787 正确
2016215	787	22	2	398 正确
2016216	398	20	0	449 正确
2016217	449	17	7	900 正确
2016218	900	9	9	047 正确
2016219	047	11	1	073 正确
2016220	073	10	0	612 正确
2016221	612	9	9	425 正确
2016222	425	11	1	063 正确
2016223	063	9	9	656 正确
2016224	656	17	7	636 正确
2016225	636	15	5	016 正确
2016226	016	7	7	397 错误
2016227	397	19	9	865 正确
2016228	865	19	9	042 正确

续表

期号	开奖号码	和值	杀号	验证
2016229	042	6	6	566 错误
2016230	566	17	7	285 正确
2016231	285	15	5	?

（4）和值尾乘 3 杀码。

表 2-8 杀号（四）

期号	开奖号码	和值	杀号	验证
2016182	200	2	6	573 正确
2016183	573	15	15	359 正确
2016184	359	17	21	542 错一
2016185	542	11	3	811 正确
2016186	811	10	0	307 错误
2016187	307	10	0	842 正确
2016188	842	14	12	131 错一
2016189	131	5	15	026 正确
2016190	026	8	24	208 错一
2016191	208	10	0	325 正确
2016192	325	10	0	783 正确
2016193	783	18	24	557 正确
2016194	557	17	21	024 错一
2016195	024	6	18	339 正确
2016196	339	15	15	300 正确
2016197	300	3	9	289 错误
2016198	289	19	9	510 正确
2016199	510	6	27	583 正确
2016200	583	16	18	374 正确
2016201	374	14	12	584 正确
2016202	584	17	21	044 正确
2016203	044	8	24	244 错误
2016204	244	10	0	435 正确

期号	开奖号码	和值	杀号	验证
2016205	435	12	6	788 正确
2016206	788	23	9	775 正确
2016207	775	19	27	284 错一
2016208	284	14	12	299 错一
2016209	299	20	0	305 错误
2016210	305	8	24	463 错一
2016211	463	13	9	693 错误
2016212	693	18	24	658 正确
2016213	658	19	27	709 错一
2016214	709	16	18	787 错一
2016215	787	22	6	398 正确
2016216	398	20	0	449 正确
2016217	449	17	21	900 正确
2016218	900	9	27	047 错一
2016219	047	11	3	073 错误
2016220	073	10	0	612 正确
2016221	612	9	27	425 错一
2016222	425	11	3	063 错误
2016223	063	9	27	656 正确
2016224	656	17	21	636 正确
2016225	636	15	15	016 错一
2016226	016	7	21	397 正确
2016227	397	19	27	865 正确
2016228	865	19	27	042 错一
2016229	042	6	18	566 正确
2016230	566	17	21	285 错一
2016231	285	15	15	？

（5）和值尾乘 4 杀码。

表 2-9　杀号（五）

期号	开奖号码	和值	杀号	验证
2016182	200	2	8	573　正确
2016183	573	15	20	359　正确
2016184	359	17	28	542　错一
2016185	542	11	4	811　正确
2016186	811	10	0	307　错误
2016187	307	10	0	842　正确
2016188	842	14	16	131　错一
2016189	131	5	20	026　错误
2016190	026	8	32	208　错一
2016191	208	10	0	325　正确
2016192	325	10	0	783　正确
2016193	783	18	32	557　正确
2016194	557	17	28	024　错一
2016195	024	6	24	339　正确
2016196	339	15	20	300　错一
2016197	300	3	12	289　错一
2016198	289	19	36	510　正确
2016199	510	6	24	583　正确
2016200	583	16	24	374　错一
2016201	374	14	16	584　正确
2016202	584	17	28	044　正确
2016203	044	8	32	244　错一
2016204	244	10	0	435　正确
2016205	435	12	8	788　错误
2016206	788	23	12	775　正确
2016207	775	19	36	284　正确
2016208	284	14	16	299　正确
2016209	299	20	0	305　错误
2016210	305	8	32	463　错一

期号	开奖号码	和值	杀号	验证
2016211	463	13	12	693 正确
2016212	693	18	32	658 正确
2016213	658	19	36	709 正确
2016214	709	16	24	787 正确
2016215	787	22	8	398 错误
2016216	398	20	0	449 正确
2016217	449	17	28	900 正确
2016218	900	9	36	047 正确
2016219	047	11	4	073 正确
2016220	073	10	0	612 正确
2016221	612	9	36	425 正确
2016222	425	11	4	063 正确
2016223	063	9	36	656 错一
2016224	656	17	28	636 正确
2016225	636	15	20	016 错一
2016226	016	7	28	397 正确
2016227	397	19	36	865 错一
2016228	865	19	36	042 正确
2016229	042	6	24	566 正确
2016230	566	17	28	285 错误
2016231	285	15	20	？

（6）和值尾乘 5 杀码。

表 2-10　杀号（六）

期号	开奖号码	和值	杀号	验证
2016182	200	2	10	573 正确
2016183	573	15	25	359 错一
2016184	359	17	35	542 错一
2016185	542	11	5	811 正确
2016186	811	10	0	307 错误

续表

期号	开奖号码	和值	杀号	验证
2016187	307	10	0	842　正确
2016188	842	14	20	131　正确
2016189	131	5	25	026　错一
2016190	026	8	40	208　错一
2016191	208	10	0	325　正确
2016192	325	10	0	783　正确
2016193	783	18	40	557　正确
2016194	557	17	35	024　正确
2016195	024	6	30	339　错一
2016196	339	15	25	300　正确
2016197	300	3	15	289　正确
2016198	289	19	45	510　错一
2016199	510	6	30	583　错一
2016200	583	16	30	374　错一
2016201	374	14	20	584　正确
2016202	584	17	35	044　正确
2016203	044	8	40	244　错一
2016204	244	10	0	435　正确
2016205	435	12	10	788　正确
2016206	788	23	15	775　错一
2016207	775	19	45	284　错一
2016208	284	14	20	299　错一
2016209	299	20	0	305　错误
2016210	305	8	40	463　错一
2016211	463	13	15	693　正确
2016212	693	18	40	658　正确
2016213	658	19	45	709　正确
2016214	709	16	30	787　正确
2016215	787	22	10	398　正确
2016216	398	20	0	449　正确
2016217	449	17	35	900　正确

期号	开奖号码	和值	杀号	验证
2016218	900	9	45	047 错一
2016219	047	11	5	073 正确
2016220	073	10	0	612 正确
2016221	612	9	45	425 错误
2016222	425	11	5	063 正确
2016223	063	9	45	656 错一
2016224	656	17	35	636 错一
2016225	636	15	25	016 正确
2016226	016	7	35	397 错一
2016227	397	19	45	865 错一
2016228	865	19	45	042 错一
2016229	042	6	30	566 正确
2016230	566	17	35	285 错一
2016231	285	15	25	?

（7）百位减个位取绝对值杀下期一码。

表 2-11　杀号（七）

期号	开奖号码	百-个	验证
2016182	200	2 - 0 = 2	573 正确
2016183	573	5 - 3 = 2	359 正确
2016184	359	3 - 9 = -6	542 正确
2016185	542	5 - 2 = 3	811 正确
2016186	811	8 - 1 = 7	307 错误
2016187	307	3 - 7 = -4	842 错误
2016188	842	8 - 2 = 6	131 正确
2016189	131	1 - 1 = 0	026 错误
2016190	026	0 - 6 = -6	208 正确
2016191	208	2 - 8 = -6	325 正确
2016192	325	3 - 5 = -2	783 正确
2016193	783	7 - 3 = 4	557 正确

续表

期号	开奖号码	百-个	验证
2016194	557	5 – 7 = –2	024 错误
2016195	024	0 – 4 = –4	339 正确
2016196	339	3 – 9 = –6	300 正确
2016197	300	3 – 0 = 3	289 正确
2016198	289	2 – 9 = –7	510 正确
2016199	510	5 – 0 = 5	583 错误
2016200	583	5 – 3 = 2	374 正确
2016201	374	3 – 4 = –1	584 正确
2016202	584	5 – 4 = 1	044 正确
2016203	044	0 – 4 = –4	244 错误
2016204	244	2 – 4 = –2	435 正确
2016205	435	4 – 5 = –1	788 正确
2016206	788	7 – 8 = –1	775 正确
2016207	775	7 – 5 = 2	284 错误
2016208	284	2 – 4 = –2	299 错误
2016209	299	2 – 9 = –7	305 正确
2016210	305	3 – 5 = –2	463 正确
2016211	463	4 – 3 = 1	693 正确
2016212	693	6 – 3 = 3	658 正确
2016213	658	6 – 8 = –2	709 正确
2016214	709	7 – 9 = –2	787 正确
2016215	787	7 – 7 = 0	398 正确
2016216	398	3 – 8 = –5	449 正确
2016217	449	4 – 9 = –5	900 正确
2016218	900	9 – 0 = 9	047 正确
2016219	047	0 – 7 = –7	073 错误
2016220	073	0 – 3 = –3	612 正确
2016221	612	6 – 2 = 4	425 错误
2016222	425	4 – 5 = –1	063 正确
2016223	063	0 – 3 = –3	656 正确
2016224	656	6 – 6 = 0	636 正确

续表

期号	开奖号码	百-个	验证
2016225	636	6 − 6 = 0	016 错误
2016226	016	0 − 6 = −6	397 正确
2016227	397	3 − 7 = −4	865 正确
2016228	865	8 − 5 = 3	042 正确
2016229	042	0 − 2 = −2	566 正确
2016230	566	5 − 6 = −1	285 正确
2016231	285	2 − 5 = 3	?

（8）百位减十位取绝对值杀一码。

表 2-12 杀号（八）

期号	开奖号码	百-十	验证
2016182	200	2 − 0 = 2	573 正确
2016183	573	5 − 7 = −2	359 正确
2016184	359	3 − 5 = −2	542 错误
2016185	542	5 − 4 = 1	811 错误
2016186	811	8 − 1 = 7	307 错误
2016187	307	3 − 0 = 3	842 正确
2016188	842	8 − 4 = 4	131 正确
2016189	131	1 − 3 = −2	026 错误
2016190	026	0 − 2 = −2	208 错误
2016191	208	2 − 0 = 2	325 错误
2016192	325	3 − 2 = 1	783 正确
2016193	783	7 − 8 = −1	557 正确
2016194	557	5 − 5 = 0	024 错误
2016195	024	0 − 2 = −2	339 正确
2016196	339	3 − 3 = 0	300 错误
2016197	300	3 − 0 = 3	289 正确
2016198	289	2 − 8 = −6	510 正确
2016199	510	5 − 1 = 4	583 正确
2016200	583	5 − 8 = −3	374 错误

续表

期号	开奖号码	百-十	验证
2016201	374	3 - 7 = -4	584 错误
2016202	584	5 - 8 = -3	044 正确
2016203	044	0 - 4 = -4	244 错误
2016204	244	2 - 4 = -2	435 正确
2016205	435	4 - 3 = 1	788 正确
2016206	788	7 - 8 = -1	775 正确
2016207	775	7 - 7 = 0	284 正确
2016208	284	2 - 8 = -6	299 正确
2016209	299	2 - 9 = -7	305 正确
2016210	305	3 - 0 = 3	463 错误
2016211	463	4 - 6 = -2	693 正确
2016212	693	6 - 9 = -3	658 正确
2016213	658	6 - 5 = 1	709 正确
2016214	709	7 - 0 = 7	787 错误
2016215	787	7 - 8 = -1	398 正确
2016216	398	3 - 9 = -6	449 正确
2016217	449	4 - 4 = 0	900 错误
2016218	900	9 - 0 = 9	047 正确
2016219	047	0 - 4 = -4	073 正确
2016220	073	0 - 7 = -7	612 正确
2016221	612	6 - 1 = 5	425 错误
2016222	425	4 - 2 = 2	063 正确
2016223	063	0 - 6 = -6	656 错误
2016224	656	6 - 5 = 1	636 正确
2016225	636	6 - 3 = 3	016 正确
2016226	016	0 - 1 = -1	397 正确
2016227	397	3 - 9 = -6	865 错误
2016228	865	8 - 6 = 2	042 错误
2016229	042	0 - 4 = -4	566 正确
2016230	566	5 - 6 = -1	285 正确
2016231	285	2 - 8 = -6	?

（9）个位减十位取绝对值杀下期一码。

表 2-13　杀号（九）

期号	开奖号码	个-十	验证
2016182	200	0 – 0 = 0	573　正确
2016183	573	3 – 7 = –4	359　正确
2016184	359	9 – 5 = 4	542　错误
2016185	542	2 – 4 = –2	811　正确
2016186	811	1 – 1 = 0	307　错误
2016187	307	7 – 0 = 7	842　正确
2016188	842	2 – 4 = –2	131　正确
2016189	131	1 – 3 = –2	026　错误
2016190	026	6 – 2 = 4	208　正确
2016191	208	8 – 0 = 8	325　正确
2016192	325	5 – 2 = 3	783　错误
2016193	783	3 – 8 = –5	557　错误
2016194	557	7 – 5 = 2	024　错误
2016195	024	4 – 2 = 2	339　正确
2016196	339	9 – 3 = 6	300　正确
2016197	300	0 – 0 = 0	289　正确
2016198	289	9 – 8 = 1	510　错误
2016199	510	0 – 1 = –1	583　正确
2016200	583	3 – 8 = –5	374　正确
2016201	374	4 – 7 = –3	584　正确
2016202	584	4 – 8 = –4	044　错误
2016203	044	4 – 4 = 0	244　正确
2016204	244	4 – 4 = 0	435　正确
2016205	435	5 – 3 = 2	788　正确
2016206	788	8 – 8 = 0	775　正确
2016207	775	5 – 7 = –2	284　错误
2016208	284	4 – 8 = –4	299　正确
2016209	299	9 – 9 = 0	305　错误
2016210	305	5 – 0 = 5	463　正确

期号	开奖号码	个-十	验证
2016211	463	3 - 6 = -3	693 错误
2016212	693	3 - 9 = -6	658 错误
2016213	658	8 - 5 = 3	709 正确
2016214	709	9 - 0 = 9	787 正确
2016215	787	7 - 8 = -1	398 正确
2016216	398	8 - 9 = -1	449 正确
2016217	449	9 - 4 = 5	900 正确
2016218	900	0 - 0 = 0	047 错误
2016219	047	7 - 4 = 3	073 错误
2016220	073	3 - 7 = -4	612 正确
2016221	612	2 - 1 = 1	425 正确
2016222	425	5 - 2 = 3	063 错误
2016223	063	3 - 6 = -3	656 正确
2016224	656	6 - 5 = 1	636 正确
2016225	636	6 - 3 = 3	016 正确
2016226	016	6 - 1 = 5	397 正确
2016227	397	7 - 9 = -2	865 正确
2016228	865	5 - 6 = -1	042 正确
2016229	042	2 - 4 = -2	566 正确
2016230	566	6 - 6 = 0	285 正确
2016231	285	5 - 8 = -3	?

（10）个位减百位取绝对值杀下期一码。

表 2-14 杀号（十）

期号	开奖号码	个-百	验证
2016182	200	0 - 2 = -2	573 正确
2016183	573	3 - 5 = -2	359 正确
2016184	359	9 - 3 = 6	542 正确
2016185	542	2 - 5 = -3	811 正确
2016186	811	1 - 8 = -7	307 错误

期号	开奖号码	个-百	验证	
2016187	307	7 - 3 = 4	842	错误
2016188	842	2 - 8 = -6	131	正确
2016189	131	1 - 1 = 0	026	错误
2016190	026	6 - 0 = 6	208	正确
2016191	208	8 - 2 = 6	325	正确
2016192	325	5 - 3 = 2	783	正确
2016193	783	3 - 7 = -4	557	正确
2016194	557	7 - 5 = 2	024	错误
2016195	024	4 - 0 = 4	339	正确
2016196	339	9 - 3 = 6	300	正确
2016197	300	0 - 3 = -3	289	正确
2016198	289	9 - 2 = 7	510	正确
2016199	510	0 - 5 = -5	583	错误
2016200	583	3 - 5 = -2	374	正确
2016201	374	4 - 3 = 1	584	正确
2016202	584	4 - 5 = -1	044	正确
2016203	044	4 - 0 = 4	244	错误
2016204	244	4 - 2 = 2	435	正确
2016205	435	5 - 4 = 1	788	正确
2016206	788	8 - 7 = 1	775	正确
2016207	775	5 - 7 = 2	284	错误
2016208	284	4 - 2 = 2	299	错误
2016209	299	9 - 2 = 7	305	正确
2016210	305	5 - 3 = 2	463	正确
2016211	463	3 - 4 = -1	693	正确
2016212	693	3 - 6 = -3	658	正确
2016213	658	8 - 6 = 2	709	正确
2016214	709	9 - 7 = 2	787	正确
2016215	787	7 - 7 = 0	398	正确
2016216	398	8 - 3 = 5	449	正确
2016217	449	9 - 4 = 5	900	正确

续表

期号	开奖号码	个-百	验证
2016218	900	0 - 9 = -9	047 正确
2016219	047	7 - 0 = 7	073 错误
2016220	073	3 - 0 = 3	612 正确
2016221	612	2 - 6 = -4	425 错误
2016222	425	5 - 4 = 1	063 正确
2016223	063	3 - 0 = 3	656 正确
2016224	656	6 - 6 = 0	636 正确
2016225	636	6 - 6 = 0	016 错误
2016226	016	6 - 0 = 6	397 正确
2016227	397	7 - 3 = 4	865 正确
2016228	865	5 - 8 = -3	042 正确
2016229	042	2 - 0 = 2	566 正确
2016230	566	6 - 5 = 1	285 正确
2016231	285	5 - 2 = 3	?

（11）百位加十位杀下期码。

表 2-15 杀号（十一）

期号	开奖号码	百+十	验证
2016182	200	2 + 0 = 2	573 正确
2016183	573	5 + 7 = 12	359 正确
2016184	359	3 + 5 = 8	542 正确
2016185	542	5 + 4 = 9	811 正确
2016186	811	8 + 1 = 9	307 正确
2016187	307	3 + 0 = 3	842 正确
2016188	842	8 + 4 = 12	131 错一
2016189	131	1 + 3 = 4	026 正确
2016190	026	0 + 2 = 2	208 错误
2016191	208	2 + 0 = 2	325 错误
2016192	325	3 + 2 = 5	783 正确
2016193	783	7 + 8 = 15	557 错一

续表

期号	开奖号码	百+十	验证
2016194	557	5 + 5 = 10	024 错一
2016195	024	0 + 2 = 2	339 正确
2016196	339	3 + 3 = 6	300 正确
2016197	300	3 + 0 = 3	289 正确
2016198	289	2 + 8 = 10	510 错误
2016199	510	5 + 1 = 6	583 正确
2016200	583	5 + 8 = 13	374 错一
2016201	374	3 + 7 = 10	584 正确
2016202	584	5 + 8 = 13	044 正确
2016203	044	0 + 4 = 4	244 错误
2016204	244	2 + 4 = 6	435 正确
2016205	435	4 + 3 = 7	788 错误
2016206	788	7 + 8 = 15	775 错一
2016207	775	7 + 7 = 14	284 错一
2016208	284	2 + 8 = 10	299 正确
2016209	299	2 + 9 = 11	305 正确
2016210	305	3 + 0 = 3	463 错误
2016211	463	4 + 6 = 10	693 正确
2016212	693	6 + 9 = 15	658 错一
2016213	658	6 + 5 = 11	709 正确
2016214	709	7 + 0 = 7	787 错误
2016215	787	7 + 8 = 15	398 正确
2016216	398	3 + 9 = 12	449 正确
2016217	449	4 + 4 = 8	900 正确
2016218	900	9 + 0 = 9	047 正确
2016219	047	0 + 4 = 4	073 正确
2016220	073	0 + 7 = 7	612 正确
2016221	612	6 + 1 = 7	425 正确
2016222	425	4 + 2 = 6	063 错误
2016223	063	0 + 6 = 6	656 错误
2016224	656	6 + 5 = 11	636 正确

续表

期号	开奖号码	百+十	验证
2016225	636	6 + 3 = 9	016 正确
2016226	016	0 + 1 = 1	397 正确
2016227	397	3 + 9 = 12	865 正确
2016228	865	8 + 6 = 14	042 错一
2016229	042	0 + 4 = 4	566 正确
2016230	566	5 + 6 = 11	285 正确
2016231	285	2 + 8 = 10	?

本章归纳

本章介绍了一些选三型彩票当中定胆与杀号的方法，这些方法不能混用，尤其是杀号方法，应该判断前5~10期杀号的正确情况而选择使用。

第三章

号码分析

第一节　福彩 3D 与体彩排列三

为了使彩民朋友对本书内容理解得更透彻，故而将开奖号码放于此处。

自 2016231 期之后开奖号码，自行填写。并可附纸或笔记本进行记录，以方便查阅。

一、福彩 3D

表 3-1　福彩 3D2015001~2016231 期开奖号码

期号	开机号	试机号	开奖号
2015001	954	139	591
2015002	628	370	938
2015003	834	732	610

续表

期号	开机号	试机号	开奖号
2015004	427	611	496
2015005	532	574	927
2015006	853	365	560
2015007	487	156	281
2015008	034	525	397
2015009	865	779	109
2015010	205	707	875
2015011	659	933	115
2015012	164	262	426
2015013	735	593	969
2015014	873	777	196
2015015	249	148	827
2015016	956	301	111
2015017	809	237	483
2015018	540	881	829
2015019	437	411	260
2015020	167	498	924
2015021	531	826	714
2015022	056	188	217
2015023	803	709	528
2015024	697	418	773
2015025	076	356	858
2015026	809	616	677
2015027	907	760	353
2015028	376	943	740
2015029	208	892	910
2015030	831	221	394
2015031	782	119	514
2015032	673	469	393
2015033	302	745	974
2015034	628	111	075

续表

期号	开机号	试机号	开奖号
2015035	164	151	927
2015036	841	772	903
2015037	786	845	474
2015038	625	903	041
2015039	352	732	882
2015040	931	613	072
2015041	583	864	538
2015042	064	275	214
2015043	196	613	357
2015044	810	588	821
2015045	067	452	988
2015046	751	827	796
2015047	802	131	093
2015048	654	087	516
2015049	328	087	423
2015050	835	163	314
2015051	794	799	465
2015052	908	275	065
2015053	327	129	494
2015054	503	990	113
2015055	614	067	131
2015056	976	766	759
2015057	524	627	317
2015058	048	933	023
2015059	964	901	181
2015060	356	034	290
2015061	619	161	397
2015062	481	615	513
2015063	890	041	784
2015064	167	844	706
2015065	946	057	943

续表

期号	开机号	试机号	开奖号
2015066	253	253	213
2015067	085	545	305
2015068	914	067	125
2015069	467	705	101
2015070	873	695	174
2015071	658	449	949
2015072	280	286	822
2015073	956	450	932
2015074	750	992	010
2015075	092	142	407
2015076	681	579	349
2015077	015	426	176
2015078	381	096	114
2015079	529	791	843
2015080	867	772	568
2015081	720	061	975
2015082	018	340	719
2015083	824	333	476
2015084	530	939	559
2015085	273	427	972
2015086	184	525	383
2015087	501	288	671
2015088	062	210	470
2015089	245	440	149
2015090	972	438	954
2015091	623	375	913
2015092	082	747	228
2015093	425	545	144
2015094	348	325	848
2015095	680	331	338
2015096	509	152	760

续表

期号	开机号	试机号	开奖号
2015097	935	717	893
2015098	273	178	242
2015099	740	930	217
2015100	364	053	732
2015101	956	454	257
2015102	068	532	872
2015103	409	904	081
2015104	596	624	465
2015105	307	385	190
2015106	831	883	342
2015107	145	302	232
2015108	796	286	841
2015109	540	474	027
2015110	176	869	763
2015111	834	903	185
2015112	941	517	263
2015113	074	001	414
2015114	408	325	409
2015115	873	943	938
2015116	256	598	643
2015117	705	594	749
2015118	360	449	105
2015119	235	294	941
2015120	564	058	855
2015121	032	013	056
2015122	764	077	768
2015123	942	692	235
2015124	394	946	743
2015125	617	668	019
2015126	264	783	827
2015127	380	542	077

续表

期号	开机号	试机号	开奖号
2015128	259	132	082
2015129	643	957	929
2015130	156	180	020
2015131	543	249	761
2015132	428	826	591
2015133	782	794	086
2015134	478	310	879
2015135	329	216	634
2015136	702	074	076
2015137	125	412	954
2015138	571	572	873
2015139	612	182	156
2015140	109	017	810
2015141	482	067	190
2015142	745	557	232
2015143	675	873	776
2015144	527	196	337
2015145	264	036	667
2015146	618	164	135
2015147	849	142	106
2015148	924	170	268
2015149	475	819	637
2015150	129	043	641
2015151	098	758	304
2015152	972	705	882
2015153	695	271	000
2015154	750	679	207
2015155	819	586	286
2015156	354	529	836
2015157	945	410	852
2015158	097	102	332

续表

期号	开机号	试机号	开奖号
2015159	761	772	056
2015160	492	968	161
2015161	374	017	310
2015162	489	896	450
2015163	927	484	820
2015164	796	264	022
2015165	457	141	057
2015166	849	199	503
2015167	218	557	528
2015168	961	794	898
2015169	376	226	861
2015170	470	170	059
2015171	273	484	119
2015172	746	777	147
2015173	569	049	062
2015174	405	752	756
2015175	983	895	345
2015176	218	355	001
2015177	370	599	289
2015178	816	580	176
2015179	783	046	760
2015180	158	858	526
2015181	243	391	379
2015182	827	982	266
2015183	364	260	350
2015184	485	331	837
2015185	942	898	427
2015186	190	304	701
2015187	325	389	019
2015188	296	681	247
2015189	716	207	674

续表

期号	开机号	试机号	开奖号
2015190	851	094	935
2015191	283	080	432
2015192	709	636	168
2015193	672	062	623
2015194	942	981	277
2015195	850	281	650
2015196	157	426	948
2015197	871	863	787
2015198	027	146	312
2015199	239	972	486
2015200	926	354	493
2015201	072	266	700
2015202	520	018	041
2015203	715	633	485
2015204	162	648	535
2015205	987	344	132
2015206	569	232	838
2015207	607	432	468
2015208	327	855	248
2015209	530	354	801
2015210	752	822	828
2015211	349	982	249
2015212	653	398	097
2015213	186	428	720
2015214	368	205	666
2015215	745	249	878
2015216	863	109	688
2015217	902	561	642
2015218	527	392	715
2015219	459	681	748
2015220	093	316	672

续表

期号	开机号	试机号	开奖号
2015221	801	047	478
2015222	256	423	130
2015223	954	600	744
2015224	409	280	252
2015225	926	162	068
2015226	837	725	434
2015227	497	037	259
2015228	546	191	519
2015229	368	633	764
2015230	875	544	248
2015231	926	085	613
2015232	401	823	379
2015233	607	738	575
2015234	250	187	354
2015235	716	373	007
2015236	208	147	671
2015237	596	893	175
2015238	824	866	171
2015239	290	069	901
2015240	283	874	402
2015341	635	113	612
2015242	478	884	803
2015243	657	525	280
2015244	549	252	457
2015245	736	322	043
2015246	298	994	535
2015247	562	631	075
2015248	608	614	463
2015249	389	153	692
2015250	824	594	267
2015251	470	169	340

续表

期号	开机号	试机号	开奖号
2015252	523	457	665
2015253	816	533	945
2015254	472	582	945
2015255	236	494	914
2015256	870	905	775
2015257	237	755	021
2015258	843	480	557
2015259	278	547	162
2015260	914	585	823
2015261	943	971	794
2015262	270	606	240
2015263	065	194	413
2015264	168	330	178
2015265	207	760	199
2015266	952	117	743
2015267	629	108	036
2015268	568	324	419
2015269	725	865	270
2015270	830	560	897
2015271	921	227	660
2015272	256	584	320
2015273	495	369	815
2015274	642	406	194
2015275	567	066	686
2015276	901	629	665
2015277	814	320	016
2015278	273	880	127
2015279	945	683	407
2015280	389	559	199
2015281	586	600	551
2015282	273	960	144

续表

期号	开机号	试机号	开奖号
2015283	638	342	303
2015284	850	172	140
2015285	276	079	016
2015286	583	288	501
2015287	296	052	071
2015288	864	040	916
2015289	378	231	771
2015290	453	640	770
2015291	924	524	129
2015292	893	668	291
2015293	635	392	074
2015294	208	647	090
2015295	589	813	798
2015296	346	995	713
2015297	652	144	374
2015298	180	058	975
2015299	461	568	216
2015300	834	649	084
2015301	527	464	965
2015302	376	976	621
2015303	297	700	449
2015304	476	006	340
2015305	835	190	513
2015306	617	705	642
2015307	295	480	442
2015308	350	826	498
2015309	087	819	377
2015310	765	640	017
2015311	952	541	371
2015312	645	400	970
2015313	592	935	586

期号	开机号	试机号	开奖号
2015314	329	092	573
2015315	241	888	855
2015316	326	852	111
2015317	619	910	670
2015318	058	993	050
2015319	841	477	605
2015320	264	987	345
2015321	491	749	608
2015322	823	260	578
2015323	952	105	280
2015324	469	329	298
2015325	561	948	809
2015326	376	957	006
2015327	427	932	506
2015328	283	605	094
2015329	618	100	594
2015330	782	019	378
2015331	560	942	726
2015332	169	840	743
2015333	451	682	805
2015334	892	260	447
2015335	146	634	296
2015336	915	864	568
2015337	830	827	921
2015338	423	257	693
2015339	864	202	040
2015340	308	098	302
2015341	953	546	917
2015342	839	025	794
2015343	364	034	146
2015344	560	938	703

续表

期号	开机号	试机号	开奖号
2015345	382	073	020
2015346	958	081	033
2015347	357	600	469
2015348	827	131	097
2015349	512	217	638
2015350	162	115	194
2015351	674	282	245
2015352	530	693	295
2015353	476	047	085
2015354	168	371	537
2015355	672	640	804
2015356	182	631	869
2015357	923	280	510
2015358	472	627	228
2016001	937	555	879
2016002	057	475	273
2016003	649	330	159
2016004	780	962	671
2016005	945	559	581
2016006	832	829	709
2016007	627	305	952
2016008	490	978	583
2016009	627	623	353
2016010	438	973	802
2016011	641	603	815
2016012	372	085	180
2016013	463	113	324
2016014	290	184	938
2016015	504	085	349
2016016	271	581	447

续表

期号	开机号	试机号	开奖号
2016017	091	966	531
2016018	850	069	563
2016019	728	257	278
2016020	041	911	521
2016021	356	400	699
2016022	910	661	916
2016023	647	582	729
2016024	507	484	624
2016025	932	479	110
2016026	561	788	324
2016027	052	565	280
2016028	791	541	416
2016029	627	940	026
2016030	574	305	293
2016031	059	279	592
2016032	601	681	778
2016033	453	742	387
2016034	561	406	606
2016035	945	501	981
2016036	304	511	968
2016037	853	967	468
2016038	547	171	960
2016039	729	795	248
2016040	083	759	143
2016041	651	545	519
2016042	638	912	701
2016043	854	662	557
2016044	437	327	010
2016045	208	374	692
2016046	453	162	383
2016047	932	269	606

续表

期号	开机号	试机号	开奖号
2016048	186	831	851
2016049	075	783	739
2016050	294	718	731
2016051	506	625	528
2016052	038	081	641
2016053	297	870	949
2016054	516	620	328
2016055	057	133	553
2016056	427	561	941
2016057	379	867	543
2016058	238	913	126
2016059	047	966	741
2016060	293	645	039
2016061	183	115	754
2016062	527	823	803
2016063	495	354	356
2016064	670	568	062
2016065	329	920	450
2016066	841	112	181
2016067	536	721	001
2016068	057	371	075
2016069	594	023	643
2016070	291	926	896
2016071	437	890	650
2016072	049	872	020
2016073	938	466	815
2016074	532	945	777
2016075	874	788	845
2016076	037	274	644
2016077	485	814	717
2016078	372	526	908

续表

期号	开机号	试机号	开奖号
2016079	254	600	075
2016080	384	698	261
2016081	497	609	635
2016082	784	358	640
2016083	392	980	289
2016084	734	090	282
2016085	710	972	967
2016086	350	558	249
2016087	340	487	099
2016088	851	957	473
2016089	186	242	111
2016090	073	894	954
2016091	185	334	405
2016092	836	902	875
2016093	279	078	622
2016094	534	824	824
2016095	367	960	704
2016096	182	830	348
2016097	562	607	532
2016098	029	160	414
2016099	243	965	217
2016100	380	373	551
2016101	637	193	061
2016102	459	066	282
2016103	921	964	126
2016104	583	452	900
2016105	418	618	699
2016106	374	718	043
2016107	529	653	238
2016108	057	096	480
2016109	297	663	100

续表

期号	开机号	试机号	开奖号
2016110	594	017	650
2016111	438	982	336
2016112	956	277	340
2016113	652	862	679
2016114	453	676	981
2016115	648	506	631
2016116	954	735	425
2016117	613	331	326
2016118	487	896	703
2016119	829	310	308
2016120	495	415	936
2016121	547	223	843
2016122	367	351	762
2016123	485	857	708
2016124	461	971	914
2016125	637	108	594
2016126	207	819	134
2016127	647	070	957
2016128	461	670	123
2016129	295	477	641
2016130	938	691	862
2016131	537	680	753
2016132	849	469	453
2016133	716	449	691
2016134	564	811	107
2016135	490	995	732
2016136	581	219	619
2016137	450	327	393
2016138	516	000	560
2016139	483	393	250
2016140	945	053	787

期号	开机号	试机号	开奖号
2016141	465	098	688
2016142	327	044	435
2016143	716	029	503
2016144	274	360	625
2016145	940	070	941
2016146	872	354	761
2016147	493	586	270
2016148	526	207	813
2016149	647	624	753
2016150	284	277	912
2016151	435	887	336
2016152	940	512	498
2016153	376	788	174
2016154	394	296	839
2016155	470	553	784
2016156	635	002	278
2016157	493	423	151
2016158	920	696	920
2016159	374	729	691
2016160	382	523	017
2016161	864	834	041
2016162	275	038	634
2016163	935	000	033
2016164	581	674	273
2016165	380	062	041
2016166	945	675	396
2016167	257	562	249
2016168	078	165	119
2016169	457	826	706
2016170	358	328	909
2016171	537	900	598

续表

期号	开机号	试机号	开奖号
2016172	470	006	323
2016173	549	641	695
2016174	781	050	007
2016175	394	583	641
2016176	580	692	712
2016177	094	191	195
2016178	843	582	244
2016179	980	517	387
2016180	452	090	659
2016181	841	534	869
2016182	370	614	489
2016183	527	090	695
2016184	286	674	703
2016185	854	906	380
2016186	492	726	618
2016187	590	050	139
2016188	627	038	099
2016189	879	311	790
2016190	483	450	823
2016191	751	075	308
2016192	169	945	661
2016193	827	746	695
2016194	483	170	407
2016195	625	972	610
2016196	473	609	907
2016197	635	876	915
2016198	436	150	303
2016199	278	901	347
2016200	925	463	932
2016201	704	146	320
2016202	498	431	784

续表

期号	开机号	试机号	开奖号
2016203	952	096	975
2016204	458	094	329
2016205	683	952	499
2016206	510	942	173
2016207	805	207	596
2016208	732	911	950
2016209	463	778	023
2016210	539	837	279
2016211	452	504	634
2016212	461	461	038
2016213	274	031	173
2016214	942	594	942
2016215	370	269	144
2016216	352	610	334
2016217	927	092	038
2016218	815	318	233
2016219	904	241	410
2016220	875	734	367
2016221	521	519	808
2016222	370	653	404
2016223	295	928	297
2016224	463	801	278
2016225	079	715	212
2016226	356	663	289
2016227	617	201	698
2016228	381	081	188
2016229	530	974	378
2016230	294	495	497
2016231	623	922	458
2016232 续填部分			
2016233			

续表

期号	开机号	试机号	开奖号
2016234			
2016235			
2016236			
2016237			
2016238			
2016239			
2016240			
2016341			
2016242			
2016243			
2016244			
2016245			
2016246			
2016247			
2016248			
2016249			
2016250			
2016251			
2016252			
2016253			
2016254			
2016255			
2016256			
2016257			
2016258			
2016259			
2016260			
2016261			
2016262			
2016263			
2016264			

续表

期号	开机号	试机号	开奖号
2016265			
2016266			
2016267			
2016268			
2016269			
2016270			
2016271			
2016272			
2016273			
2016274			
2016275			
2016276			
2016277			
2016278			
2016279			
2016280			
2016281			
2016282			
2016283			
2016284			
2016285			
2016286			
2016287			
2016288			
2016289			
2016290			
2016291			
2016292			
2016293			
2016294			
2016295			

续表

期号	开机号	试机号	开奖号
2016296			
2016297			
2016298			
2016299			
2016300			
2016301			
2016302			
2016303			
2016304			
2016305			
2016306			
2016307			
2016308			
2016309			
2016310			
2016311			
2016312			
2016313			
2016314			
2016315			
2016316			
2016317			
2016318			
2016319			
2016320			
2016321			
2016322			
2016323			
2016324			
2016325			
2016326			

選三型彩票中奖方法与技巧

续表

期号	开机号	试机号	开奖号
2016327			
2016328			
2016329			
2016330			
2016331			
2016332			
2016333			
2016334			
2016335			
2016336			
2016337			
2016338			
2016339			
2016340			
2016341			
2016342			
2016343			
2016344			
2016345			
2016346			
2016347			
2016348			
2016349			
2016350			
2016351			
2016352			
2016353			
2016354			
2016355			
2016356			
2016357			
2016358			

二、排列三

表 3-2　排列三 2015001~2016231 期开奖号码

期号	开机号	试机号	开奖号
2015001	148	735	397
2015002	980	028	749
2015003	220	587	524
2015004	502	384	142
2015005	218	461	693
2015006	107	597	947
2015007	896	186	039
2015008	020	502	613
2015009	107	460	574
2015010	765	076	862
2015011	907	361	318
2015012	638	194	864
2015013	617	182	412
2015014	607	356	403
2015015	818	490	845
2015016	921	714	290
2015017	550	527	880
2015018	994	740	831
2015019	908	340	914
2015020	607	527	216
2015021	872	593	339
2015022	601	380	758
2015023	218	587	496
2015024	915	736	606
2015025	378	167	381
2015026	927	710	833
2015027	749	012	281
2015028	249	078	357
2015029	916	206	927

期号	开机号	试机号	开奖号
2015030	911	365	820
2015031	679	260	524
2015032	015	605	413
2015033	293	527	986
2015034	638	058	049
2015035	348	731	674
2015036	208	368	871
2015037	709	260	151
2015038	504	235	922
2015039	355	803	548
2015040	961	847	466
2015041	135	294	538
2015042	814	962	232
2015043	728	467	751
2015044	628	018	725
2015045	743	386	577
2015046	213	617	305
2015047	817	457	800
2015048	541	236	085
2015049	856	691	251
2015050	527	283	039
2015051	283	851	951
2015052	754	648	598
2015053	548	479	747
2015054	527	712	063
2015055	692	025	969
2015056	635	596	813
2015057	428	154	779
2015058	256	719	889
2015059	157	908	024
2015060	209	254	447
2015061	754	947	918

续表

期号	开机号	试机号	开奖号
2015062	608	627	068
2015063	932	379	138
2015064	709	714	527
2015065	857	851	696
2015066	770	349	208
2015067	019	480	718
2015068	195	237	559
2015069	863	492	986
2015070	713	237	418
2015071	901	890	759
2015072	396	997	793
2015073	976	629	942
2015074	978	878	441
2015075	030	190	423
2015076	393	182	937
2015077	615	920	965
2015078	690	709	114
2015079	813	374	528
2015080	192	358	320
2015081	906	286	603
2015082	947	725	255
2015083	193	057	013
2015084	537	640	941
2015085	652	524	416
2015086	702	218	930
2015087	915	319	013
2015088	198	520	108
2015089	247	832	654
2015090	371	037	684
2015091	128	395	795
2015092	240	098	703
2015093	343	473	602

期号	开机号	试机号	开奖号
2015094	839	850	546
2015095	095	457	237
2015096	450	629	218
2015097	694	287	688
2015098	398	316	413
2015099	672	415	771
2015100	705	807	563
2015101	735	854	633
2015102	097	107	395
2015103	061	182	499
2015104	364	381	986
2015105	168	072	700
2015106	511	963	688
2015107	163	219	710
2015108	851	650	865
2015109	923	813	649
2015110	701	459	824
2015111	549	365	972
2015112	914	328	971
2015113	785	367	777
2015114	294	920	310
2015115	925	480	623
2015116	085	428	768
2015117	054	248	760
2015118	534	141	273
2015119	307	531	614
2015120	562	981	874
2015121	922	291	640
2015122	740	194	675
2015123	731	647	590
2015124	946	834	513
2015125	048	937	544

续表

期号	开机号	试机号	开奖号
2015126	027	094	211
2015127	518	115	081
2015128	628	757	892
2015129	543	814	232
2015130	812	771	512
2015131	328	165	774
2015132	494	384	393
2015133	426	255	956
2015134	175	347	156
2015135	276	298	027
2015136	401	781	884
2015137	058	560	229
2015138	206	129	473
2015139	018	792	811
2015140	866	782	677
2015141	961	437	929
2015142	031	071	296
2015143	932	356	240
2015144	658	087	054
2015145	190	841	627
2015146	245	361	318
2015147	502	584	075
2015148	870	314	161
2015149	475	921	084
2015150	206	583	775
2015151	510	954	455
2015152	789	648	681
2015153	130	154	088
2015154	378	732	224
2015155	396	516	405
2015156	329	831	973
2015157	706	647	084

续表

期号	开机号	试机号	开奖号
2015158	724	309	763
2015159	269	198	722
2015160	520	134	173
2015161	049	461	662
2015162	128	694	076
2015163	051	758	646
2015164	980	174	392
2015165	685	685	389
2015166	610	824	533
2015167	379	376	356
2015168	956	489	744
2015169	247	734	160
2015170	985	297	900
2015171	052	881	410
2015172	511	154	406
2015173	269	984	537
2015174	647	089	934
2015175	821	660	616
2015176	057	494	762
2015177	206	173	070
2015178	495	417	720
2015179	145	308	535
2015180	952	050	020
2015181	838	163	868
2015182	490	306	784
2015183	027	170	653
2015184	195	579	291
2015185	953	952	798
2015186	724	540	785
2015187	107	217	058
2015188	643	923	319
2015189	955	776	762

期号	开机号	试机号	开奖号
2015190	392	289	688
2015191	425	844	514
2015192	024	184	666
2015193	601	236	702
2015194	820	745	277
2015195	492	229	946
2015196	517	468	862
2015197	482	086	402
2015198	086	423	313
2015199	537	175	867
2015200	128	251	934
2015201	319	581	063
2015202	458	376	395
2015203	162	072	647
2015204	614	836	068
2015205	409	183	212
2015206	560	870	881
2015207	742	206	338
2015208	352	294	353
2015209	348	674	727
2015210	244	263	728
2015211	361	137	951
2015212	647	358	614
2015213	578	623	055
2015214	724	153	190
2015215	612	109	154
2015216	206	607	254
2015217	931	057	242
2015218	184	116	232
2015219	459	224	192
2015220	830	594	328
2015221	386	171	781

選三型彩票中奖方法与技巧

续表

期号	开机号	试机号	开奖号
2015222	016	260	438
2015223	618	490	387
2015224	360	547	641
2015225	672	848	859
2015226	516	479	440
2015227	815	421	442
2015228	760	790	312
2015229	349	508	991
2015230	375	039	727
2015231	267	581	509
2015232	874	814	532
2015233	389	732	983
2015234	989	957	436
2015235	295	108	465
2015236	563	028	910
2015237	413	499	304
2015238	475	202	127
2015239	271	047	931
2015240	481	346	689
2015341	914	236	651
2015242	463	003	678
2015243	087	437	008
2015244	524	904	350
2015245	169	601	987
2015246	995	381	778
2015247	603	763	065
2015248	567	468	251
2015249	284	386	461
2015250	215	408	713
2015251	163	911	494
2015252	735	652	451
2015253	725	621	292

续表

期号	开机号	试机号	开奖号
2015254	409	508	343
2015255	089	329	430
2015256	674	718	156
2015257	338	075	023
2015258	961	315	374
2015259	668	394	952
2015260	003	560	258
2015261	687	351	833
2015262	782	993	252
2015263	531	818	216
2015264	268	728	173
2015265	033	189	925
2015266	931	540	084
2015267	204	065	652
2015268	082	359	808
2015269	180	401	258
2015270	786	158	115
2015271	512	179	979
2015272	145	741	419
2015273	049	782	254
2015274	814	323	306
2015275	970	621	934
2015276	625	036	891
2015277	351	095	483
2015278	123	681	011
2015279	493	333	217
2015280	787	371	988
2015281	423	760	090
2015282	097	602	492
2015283	933	231	234
2015284	568	822	632
2015285	357	902	421

续表

期号	开机号	试机号	开奖号
2015286	245	165	074
2015287	758	523	050
2015288	802	901	842
2015289	381	854	529
2015290	224	318	064
2015291	458	521	120
2015292	936	779	296
2015293	293	762	432
2015294	714	596	041
2015295	062	313	305
2015296	721	891	905
2015297	689	814	440
2015298	185	207	594
2015299	038	250	627
2015300	610	084	845
2015301	341	385	449
2015302	570	600	642
2015303	972	807	441
2015304	374	517	271
2015305	865	392	549
2015306	653	167	217
2015307	994	715	069
2015308	792	592	379
2015309	642	409	003
2015310	211	791	257
2015311	644	171	233
2015312	609	092	435
2015313	286	641	555
2015314	276	053	065
2015315	812	492	750
2015316	523	015	021
2015317	608	670	812

续表

期号	开机号	试机号	开奖号
2015318	754	266	349
2015319	511	542	619
2015320	072	433	884
2015321	143	416	836
2015322	637	972	644
2015323	520	626	169
2015324	938	474	793
2015325	172	603	929
2015326	911	571	875
2015327	152	548	429
2015328	716	118	497
2015329	428	699	675
2015330	362	667	056
2015331	726	531	780
2015332	490	088	690
2015333	940	219	388
2015334	370	623	052
2015335	068	471	562
2015336	078	390	658
2015337	801	215	913
2015338	615	460	909
2015339	847	502	997
2015340	712	915	828
2015341	772	911	664
2015342	617	287	596
2015343	116	253	580
2015344	720	862	253
2015345	261	209	293
2015346	315	549	701
2015347	405	875	145
2015348	872	493	878
2015349	532	404	750

续表

期号	开机号	试机号	开奖号
2015350	843	296	813
2015351	328	759	974
2015352	478	864	918
2015353	367	810	349
2015354	629	367	391
2015355	847	892	871
2015356	179	519	397
2015357	365	279	432
2015358	480	601	009
2016001	762	362	828
2016002	269	640	567
2016003	704	841	573
2016004	391	358	543
2016005	976	489	439
2016006	385	052	101
2016007	265	567	174
2016008	507	213	967
2016009	073	991	648
2016010	657	501	823
2016011	088	041	461
2016012	504	159	530
2016013	708	441	019
2016014	744	869	925
2016015	519	914	686
2016016	752	166	841
2016017	637	580	861
2016018	941	904	646
2016019	693	029	883
2016020	142	775	693
2016021	726	152	402
2016022	039	803	744

续表

期号	开机号	试机号	开奖号
2016023	736	470	041
2016024	659	902	091
2016025	368	841	500
2016026	370	101	403
2016027	738	159	729
2016028	597	997	262
2016029	867	738	225
2016030	621	238	988
2016031	317	263	457
2016032	686	216	555
2016033	316	476	002
2016034	736	095	102
2016035	296	110	051
2016036	482	880	258
2016037	402	268	624
2016038	297	874	823
2016039	933	376	503
2016040	438	368	047
2016041	519	271	720
2016042	915	089	729
2016043	817	408	944
2016044	116	908	012
2016045	591	474	612
2016046	039	180	126
2016047	115	830	132
2016048	318	112	337
2016049	877	042	618
2016050	307	335	140
2016051	476	138	102
2016052	158	128	792
2016053	519	872	447
2016054	249	658	736

续表

期号	开机号	试机号	开奖号
2016055	548	721	323
2016056	826	034	665
2016057	619	843	764
2016058	508	937	119
2016059	832	046	078
2016060	517	207	686
2016061	965	038	675
2016062	763	681	477
2016063	354	670	491
2016064	390	475	455
2016065	846	119	016
2016066	273	369	455
2016067	800	801	445
2016068	751	774	013
2016069	627	446	995
2016070	615	309	789
2016071	792	569	530
2016072	147	506	299
2016073	049	829	972
2016074	471	065	951
2016075	666	983	637
2016076	261	239	606
2016077	325	137	782
2016078	154	520	467
2016079	252	872	390
2016080	067	723	670
2016081	688	628	150
2016082	203	542	748
2016083	543	429	234
2016084	363	344	023
2016085	362	699	997
2016086	912	267	065

期号	开机号	试机号	开奖号
2016087	157	403	917
2016088	310	509	547
2016089	680	224	983
2016090	478	538	867
2016091	684	425	133
2016092	149	846	273
2016093	032	059	982
2016094	091	581	960
2016095	071	452	869
2016096	139	737	410
2016097	335	251	111
2016098	880	650	982
2016099	787	938	332
2016100	294	159	037
2016101	903	149	603
2016102	161	404	885
2016103	207	239	762
2016104	180	080	219
2016105	257	423	611
2016106	329	671	037
2016107	379	209	240
2016108	602	394	236
2016109	710	602	071
2016110	407	038	772
2016111	611	933	476
2016112	204	723	611
2016113	415	065	297
2016114	923	948	218
2016115	519	847	002
2016116	345	294	488
2016117	719	015	945
2016118	638	528	369

续表

期号	开机号	试机号	开奖号
2016119	065	190	139
2016120	485	927	877
2016121	281	149	564
2016122	094	529	436
2016123	359	608	147
2016124	647	572	856
2016125	175	955	201
2016126	756	619	063
2016127	218	193	997
2016128	799	625	744
2016129	166	451	405
2016130	573	812	247
2016131	501	561	665
2016132	365	198	491
2016133	508	720	711
2016134	953	391	923
2016135	807	168	144
2016136	140	843	665
2016137	610	865	966
2016138	947	760	133
2016139	306	847	188
2016140	351	715	656
2016141	805	392	720
2016142	542	036	347
2016143	217	573	112
2016144	069	459	568
2016145	677	931	014
2016146	473	740	145
2016147	821	401	976
2016148	682	419	787
2016149	401	556	757
2016150	671	278	114

续表

期号	开机号	试机号	开奖号
2016151	156	770	616
2016152	539	962	125
2016153	618	724	622
2016154	290	587	712
2016155	594	067	999
2016156	411	920	316
2016157	495	548	603
2016158	167	145	617
2016159	159	814	835
2016160	914	060	657
2016161	209	562	845
2016162	795	741	708
2016163	439	806	970
2016164	058	772	723
2016165	387	282	571
2016166	574	184	412
2016167	289	270	969
2016168	541	202	900
2016169	650	955	196
2016170	392	136	409
2016171	803	251	058
2016172	749	227	760
2016173	837	604	262
2016174	540	059	111
2016175	735	307	630
2016176	496	651	765
2016177	523	580	585
2016178	648	031	900
2016179	881	842	456
2016180	916	690	632
2016181	295	860	437
2016182	361	130	200

续表

期号	开机号	试机号	开奖号
2016183	511	864	573
2016184	120	753	359
2016185	117	419	542
2016186	645	304	811
2016187	385	386	307
2016188	831	989	842
2016189	987	279	131
2016190	095	387	026
2016191	064	115	208
2016192	145	409	325
2016193	971	775	783
2016194	593	912	557
2016195	369	956	024
2016196	098	521	339
2016197	536	470	300
2016198	897	842	289
2016199	128	923	510
2016200	182	914	583
2016201	293	585	374
2016202	718	317	584
2016203	431	342	044
2016204	624	448	244
2016205	568	028	435
2016206	037	693	788
2016207	425	516	775
2016208	063	019	284
2016209	372	495	299
2016210	835	068	305
2016211	727	889	463
2016212	012	922	693
2016213	580	097	658
2016214	935	368	709

续表

期号	开机号	试机号	开奖号
2016215	386	043	787
2016216	995	302	398
2016217	529	710	449
2016218	546	339	900
2016219	079	408	047
2016220	405	180	073
2016221	269	061	612
2016222	028	232	425
2016223	973	497	063
2016224	272	850	656
2016225	915	647	636
2016226	752	182	016
2016227	309	287	397
2016228	301	064	865
2016229	872	527	042
2016230	158	684	566
2016231	198	135	285
2016232 续填部分			
2016233			
2016234			
2016235			
2016236			
2016237			
2016238			
2016239			
2016240			
2016341			
2016242			
2016243			
2016244			
2016245			
2016246			

续表

期号	开机号	试机号	开奖号
2016247			
2016248			
2016249			
2016250			
2016251			
2016252			
2016253			
2016254			
2016255			
2016256			
2016257			
2016258			
2016259			
2016260			
2016261			
2016262			
2016263			
2016264			
2016265			
2016266			
2016267			
2016268			
2016269			
2016270			
2016271			
2016272			
2016273			
2016274			
2016275			
2016276			
2016277			
2016278			

续表

期号	开机号	试机号	开奖号
2016279			
2016280			
2016281			
2016282			
2016283			
2016284			
2016285			
2016286			
2016287			
2016288			
2016289			
2016290			
2016291			
2016292			
2016293			
2016294			
2016295			
2016296			
2016297			
2016298			
2016299			
2016300			
2016301			
2016302			
2016303			
2016304			
2016305			
2016306			
2016307			
2016308			
2016309			
2016310			

续表

期号	开机号	试机号	开奖号
2016311			
2016312			
2016313			
2016314			
2016315			
2016316			
2016317			
2016318			
2016319			
2016320			
2016321			
2016322			
2016323			
2016324			
2016325			
2016326			
2016327			
2016328			
2016329			
2016330			
2016331			
2016332			
2016333			
2016334			
2016335			
2016336			
2016337			
2016338			
2016339			
2016340			
2016341			
2016342			

续表

期号	开机号	试机号	开奖号
2016343			
2016344			
2016345			
2016346			
2016347			
2016348			
2016349			
2016350			
2016351			
2016352			
2016353			
2016354			
2016355			
2016356			
2016357			
2016358			

第二节　定律解析

一、试机号定律

对于试机号而言，有一条定律可以稳赚不赔。

对于试机号，不少彩民朋友和专家总结了各种各样的使用方法，如试机号定胆、试机号杀号、试机号的关注码和金码等。通常情况下，在全部开奖中，试机号和中奖号重复 1 个以上的情况占据了 70% 以上，可从试机号中选择 1 个作为开奖号码的胆码。近期，试机号定胆方法屡试不爽，大家可重点关注。具体操作方法是：用试机号中的一个号码作为胆码，其他两个号码全包，这组号码共需 200 元；对三个试机号逐一做胆码，形成三组号码，共需投入 600 元；回报是 1000 元或 2000 元（有时两个试机号打出）；只要试机号打出概率超过 60%，如此投注就稳赚不赔。

二、黄金铁三角定律

0、3、7 三个数字，是选三彩票中的黄金铁三角，出现概率极高。彩民可以通过这一定律定出胆码。

（1）3D 验证。

表 3-3　3D 验证（一）

期号	开奖号	验证
2016182	489	无 037 出现
2016183	695	无 037 出现
2016184	703	037 全出
2016185	380	03 出现
2016186	618	无 037 出现
2016187	139	3 出现
2016188	099	0 出现
2016189	790	07 出现
2016190	823	3 出现
2016191	308	03 出现
2016192	661	无 037 出现
2016193	695	无 037 出现
2016194	407	07 出现
2016195	610	0 出现
2016196	907	07 出现
2016197	915	无 037 出现
2016198	303	03 出现
2016199	347	37 出现
2016200	932	3 出现

续表

期号	开奖号	验证
2016201	320	03 出现
2016202	784	7 出现
2016203	975	7 出现
2016204	329	3 出现
2016205	499	无 037 出现
2016206	173	37 出现
2016207	596	无 037 出现
2016208	950	0 出现
2016209	023	03 出现
2016210	279	7 出现
2016211	634	3 出现
2016212	038	03 出现
2016213	173	37 出现
2016214	942	无 037 出现
2016215	144	无 037 出现
2016216	334	3 出现
2016217	038	03 出现
2016218	233	3 出现
2016219	410	0 出现
2016220	367	3 出现
2016221	808	0 出现
2016222	404	0 出现
2016223	297	7 出现
2016224	278	7 出现
2016225	212	无 037 出现
2016226	289	无 037 出现
2016227	698	无 037 出现
2016228	188	无 037 出现
2016229	378	37 出现
2016230	497	7 出现
2016231	458	无 037 出现

选三型彩票中奖方法与技巧

用 50 期开奖号码作为验证，只有 15 期未出现 037 其中号码，足以验证它的可行性。

（2）排列三验证。

表 3-4　排列三验证（一）

期号	开奖号码	验证
2016182	200	0 出现
2016183	573	37 出现
2016184	359	3 出现
2016185	542	无 037 出现
2016186	811	无 037 出现
2016187	307	037 全出
2016188	842	无 037 出现
2016189	131	3 出现
2016190	026	0 出现
2016191	208	0 出现
2016192	325	3 出现
2016193	783	37 出现
2016194	557	7 出现
2016195	024	0 出现
2016196	339	3 出现
2016197	300	3 出现
2016198	289	无 037 出现
2016199	510	0 出现
2016200	583	3 出现
2016201	374	37 出现
2016202	584	无 037 出现
2016203	044	0 出现
2016204	244	无 037 出现
2016205	435	3 出现
2016206	788	7 出现
2016207	775	7 出现
2016208	284	无 037 出现

续表

期号	开奖号码	验证
2016209	299	无 037 出现
2016210	305	03 出现
2016211	463	3 出现
2016212	693	3 出现
2016213	658	无 037 出现
2016214	709	07 出现
2016215	787	7 出现
2016216	398	3 出现
2016217	449	无 037 出现
2016218	900	0 出现
2016219	047	07 出现
2016220	073	037 全出
2016221	612	无 037 出现
2016222	425	无 037 出现
2016223	063	03 出现
2016224	656	无 037 出现
2016225	636	3 出现
2016226	016	0 出现
2016227	397	37 出现
2016228	865	无 037 出现
2016229	042	0 出现
2016230	566	无 037 出现
2016231	285	无 037 出现

用 50 期开奖号码作为验证，只有 16 期未出现 037 其中号码，也足以验证它在排列三中的可行性。

三、012 路定律

012 路在彩票当中不仅是一个重要的参数指标，而且还是选号定号的一种方法。012 路螺旋定律是如何判断 012 路进而选择号码的呢？

0 路号码：0、3、6、9；

1 路号码：1、4、7；

2 路号码：2、5、8。

判断百、十、个位出哪路号码，即缩小选号范围，提高中奖概率。

012 路的规律：

（1）顺连开。当近期开出 0-1-2 或 1-2，从小到大形态的时候，称为顺连开。它只有一种可能性，比较少见。

（2）数全开。连续开 012 路或者 12 路中并非从小到大排序的任意一种组合形式。

012 路全开组合：021，102，120，201，210。

12 路全开组合：21。

数全开规律产生以后，之后走重复路线的概率比较高。

（3）旺者恒旺。往往追热不追冷，最经常开的就要跟，这种情况越是旺盛越可能开出。

（4）N 挟一。几个相同数字带着另一个数字，称为 N 挟一。

例如：211，112，001，002。

它可能同时出现多种相同情况。

（5）对补数。

012 路对补数有两种形态，"对数"和"补数"。

对数形态：1-0，2-0，2-1（第一比值大于第二比值）；

补数形态：1-2，0-1，0-2（第一比值小于第二比值）。

例如：上期开 2，那么下期开 0，再下期开 1，形成 201 全开路数的同时，又是 20-01 对补形态，近期多开此形态，就要去跟了。

四、开机号、试机号、上期开机号、上期试机号的螺旋补号

将本期开机号、本期试机号、上期开奖号、上期试机号都从开奖号码的号码盘中找到，然后画圈定码的方法，称为螺旋补号。因为号码具有跟随性质，所以本方法非常实用，也很容易上手操作。

五、上期号码螺旋定胆

将上期开奖号码在试机号号码盘中找到，然后画圈定胆的方法，称为螺旋定胆法。

六、0369 定律

0369 四个数字，出现概率极高。彩民可以通过这一定律定出胆码。

（1）3D 验证。

表 3-5　3D 验证（二）

期号	开奖号	验证
2016182	489	9 出现
2016183	695	69 出现
2016184	703	03 出现
2016185	380	03 出现
2016186	618	6 出现
2016187	139	39 出现
2016188	099	09 出现
2016189	790	09 出现
2016190	823	3 出现
2016191	308	03 出现
2016192	661	6 出现
2016193	695	69 出现

期号	开奖号	验证
2016194	407	0 出现
2016195	610	06 出现
2016196	907	09 出现
2016197	915	9 出现
2016198	303	03 出现
2016199	347	3 出现
2016200	932	39 出现
2016201	320	03 出现
2016202	784	无 0369 出现
2016203	975	9 出现
2016204	329	39 出现
2016205	499	9 出现
2016206	173	3 出现
2016207	596	69 出现
2016208	950	09 出现
2016209	023	03 出现
2016210	279	9 出现
2016211	634	36 出现
2016212	038	03 出现
2016213	173	3 出现
2016214	942	9 出现
2016215	144	无 0369 出现
2016216	334	3 出现
2016217	038	03 出现
2016218	233	3 出现
2016219	410	0 出现
2016220	367	36 出现
2016221	808	0 出现
2016222	404	0 出现
2016223	297	9 出现
2016224	278	无 0369 出现
2016225	212	无 0369 出现

续表

期号	开奖号	验证
2016226	289	9 出现
2016227	698	69 出现
2016228	188	无 0369 出现
2016229	378	3 出现
2016230	497	9 出现
2016231	458	无 0369 出现

用 50 期开奖号码作为验证，只有 6 期未出现 0369 其中号码，足以验证它的可行性。

（2）排列三验证。

表 3-6　排列三验证（二）

期号	开奖号码	验证
2016182	200	0 出现
2016183	573	3 出现
2016184	359	39 出现
2016185	542	无 0369 出现
2016186	811	无 0369 出现
2016187	307	03 出现
2016188	842	无 0369 出现
2016189	131	3 出现
2016190	026	06 出现
2016191	208	0 出现
2016192	325	3 出现
2016193	783	3 出现
2016194	557	无 0369 出现
2016195	024	0 出现
2016196	339	39 出现
2016197	300	03 出现
2016198	289	9 出现
2016199	510	0 出现

期号	开奖号码	验证
2016200	583	3 出现
2016201	374	3 出现
2016202	584	无 0369 出现
2016203	044	0 出现
2016204	244	无 0369 出现
2016205	435	3 出现
2016206	788	无 0369 出现
2016207	775	无 0369 出现
2016208	284	无 0369 出现
2016209	299	9 出现
2016210	305	03 出现
2016211	463	36 出现
2016212	693	369 出现
2016213	658	6 出现
2016214	709	09 出现
2016215	787	无 0369 出现
2016216	398	39 出现
2016217	449	9 出现
2016218	900	09 出现
2016219	047	0 出现
2016220	073	03 出现
2016221	612	6 出现
2016222	425	无 0369 出现
2016223	063	036 出现
2016224	656	6 出现
2016225	636	36 出现
2016226	016	06 出现
2016227	397	39 出现
2016228	865	6 出现
2016229	042	0 出现
2016230	566	6 出现
2016231	285	无 0369 出现

用 50 期开奖号码作为验证，只有 12 期未出现 0369 其中号码，足以验证它的可行性。

第三节 揭秘选三型彩票

选三型彩票是彩民们最热衷的彩种之一，可是，每一位彩民都绞尽脑汁研究走势图，中奖的却寥寥无几，这是为什么呢？真的是有内幕存在吗？

答案是否定的，没有。

彩票里边包含着数学、物理学、概率学和统计学四门学问，它既是一种娱乐游戏，也是一种利智游戏，更是一门学问。

如何科学预测选三型彩票

彩票只有短期的规律，没有长期的规律。规律呈现不规则状、离散状、混乱状，偶尔在短期内形成奇妙的图形。

那么，选三型彩票如何进行分析和预测呢？下面揭开这个秘密。

（一）科学性

用科学的方法选择号码是中奖的基础之一。然而科学会渗透在多个角度，如余数、振幅、AC 值、遗漏值、重号、邻号、物理随机、概率随机、统计等，不同的属性具有不同的规律。

利用余数得出 012 路数值，观察走势振幅与 AC 值号码的难易程度，考虑遗漏值的定向指标，重号的落号取向，加上物理随机、概率统计所产生的超负荷数据，才是开奖号码的产生依据。

这样说起来是不是感觉好复杂，有些失去信心了呢？

知难行易，首先把难点"放进脑袋"，其次想办法破解难点，这样就可以一步一步地迈向成功了。

（二）选三型彩票的秘密及投注策略

（1）十个号码，开出三次，十是基数，$10 \times 5/3 = 17$（取整数），$10 \times 6/3 = 20$，即是最大遗漏值为 17~20 期。

这套公式在彩市中有一定的参考价值，当发现超过或接近最大理论遗漏值的时候，就可以跟进这个号码了。

（2）看图法。通过对组选图或三个位置的分位走势图进行观察，从而找出备选号码进行投注的方法。看图法比较直观、简单，适合于各年龄段、各种文化层次的彩民。通过组选图可以观察号码的遗传与斜连特征，从而寻找合适的胆码；通过分位图，利用历史数据，观察号码的对称或非对称特征，再根据相似性原理，确定每个位置的高概率号码等。但不管怎样去看图，看图者本人的主观感觉对于中奖率的高低起决定性作用，图形走势上并没有确定的规律性可言。

（3）绝对差值法。相邻奖号绝对差值的和尾可排除，本期中奖号码与上期中奖号码按位相减绝对值的相加之尾下期可排除。

（4）胆拖组选法。组选3复式包号投注法组选3号码占所有号码的27%，从计算概率上讲四期左右就会开出一次组选3号码。当连续多期未开出组选3号码时，可及时跟进投注组选3，当然彩民可以根据经济情况排除部分号码进行投注，收益更可观。由于以任意一个号码为"胆"的号码共有55注，其中有1注直选的"三同"，18注组选3和36注组选6号码。通过分析开奖号码，选定一个"胆"，采用"胆拖"组选方式投注，只要开奖号码有"胆"，即可中奖。

（5）和值投注法。投注号码是由0~9十个数字组成的三位数号码，三个数字相加之和称为和值，和值有效投注范围为0~27，共28个投注值。投注时通过跟踪分析，把选定的和值包含的所有号码进行投注，为了减少风险和资金压力，可先组选，投注几期后改直选，既可节约资金又可达到盈利的目的。

（6）形态投注法。这个方法是对以往数据的分析产生的，把号码分组，对开奖号码三位数的大小、单双等组合形态进行分析跟踪，由于大小、单双形态分别都各有八种形态，即大小形态有：小小小、小小大、小大小、大小小、大小大、大大小、小大大、大大大；单双形态有：双双双、双双单、双单双、单双双、单单单、单单双、单双单、双单单。每种形态 8 期为一周期，跟踪开奖号码，当某两种形态已有 2~3 个周期未开出，可适时跟进。彩民还可以通过自己的分析和判断，选择不同组合进行投注，如两中加一大的组合。

（7）定位投注法。根据历史开奖数据，统计在一、二、三位之上的某个长期未开出的号码为胆码，其余两位 0~9 进行全包，称为定 1 包 2，若确定某两个位置的号码为胆码，其余一位 0~9 进行全包，称为定 2 包 1。

（8）特殊号码法。特殊号码法指利用生日、身份证号码、信用卡号码、手机号码、QQ 号码、车牌号码、结婚纪念日、幸运号码和其他纪念日中的部分（其实是 3 个）号码作为投注号码。采用特殊号码投注，不仅便于彩民记忆，同时也赋予其每天的平淡生活更多的乐趣和人情味。

（9）数值推断法。判断和数值范围是基础。根据和数值走势确定下期和数值出现范围，然后列出点位的号码组合进行筛选，去掉出现概率较低的号码，选出可能性较高的号码投注。一般而言，判断和数值走势以±1 点、±2 点法为主，如果将和数值范围过分扩大，投注成本会较高。在确定和值范围时要注意以下问题：

1）根据和数值历史走势，确定下一期的和数值范围。

2）要充分把握和数值走势的若干特征，如和数值围绕中心值 13 点上下波动，当和数值处于较低的点位时，都会引发下期强劲的反弹；而当和值处于中心值附近时，一般情况下变化幅度不大。

（10）位差分析法。位差指的是个、十、百位三个号位上的其中一个号位上的号码与另一个号位上的号码相减的差。即有"百位减十位"、"百位减个位"、"十位减个位"三种数据可供分析。对于位差的分析，除了考察某一冷和值外，还要考察和值的冷距离或冷跨度。可以用以下三个词来总结：点、跳、平。

点：即冷点，比如十位减个位等于 1 已连续多天未出现了，我们可以密切关注这个差值。当然，在关注数的同时，重点是结合它们的不同出号周期。比如十位减个位等于 1 与十位减个位等于 3，如果同时冷到 50 天未出，则前者就成了必追之冷，而后者却只能作为观望指标，远远未达到追捧的时候。

跳：即点位距离的冷态。比如十位减个位的差距离已连续多天未出现距离为 1 的情况，而如果本期和值为 5，下期即可关注差值为 4 或 6。

平：即重复点位。一般情况下，任意两个号位的差平均每 10 天左右就会重复一次，如果某两个号位上的差连续 40 天未发生重复现象时，我们就可以采取几追几的方案了。

本章归纳

以历年开奖号码作为可行依据，概括出选三型彩票中的重要依据和规律；解密了一些也许很多人没有注意到的秘诀。

|第四章|

精准选号方法

第一节　何谓围攻、012 路、魔方选号法

要想买彩票中奖，光有一股脑儿的热情和资金基础是远远不够的，因为彩票是物理随机数，具有不可预测性，但为什么还有那么多人热衷于号码预测呢？

中奖号不可以准确预测，但可以找其科学的特性，利用特性选号；还可以缩小范围，提高中奖概率，这是可以肯定的。虽然不可以预测，但我们可以探寻它的短期规律，寻求方法。

下面是笔者选三型彩票的选号方法。

一、围攻选号法

围攻选号法简单说就是利用上期奖号，在开奖号码盘中找出来，周围出现的号码很有可能就是下期的开奖号码。

号码具有一个特性，叫作"号码跟随性"，是指定开奖号码（一般为最新开奖号码）中每个数字在以往开奖历史数据中跟随数字的次数统计后次数大于 0 的数字集合。跟随法指的是当一个数字出现在中奖号码中时，另一个数字就会出现在下一期中奖号中，我们称后一个号码为前一个号码的跟随号。

此方法是根据号码的跟随性预测下一期奖号，比从 1000 注号码当中选中 1 注的概率更大，而且速度更快。

二、012 路选号法

012 路选号法指判断 012 路的比值范围，从而将 0~9 的十选三，变成了 012 路的三选三。因为有可能有重路数的概率存在，所以我们应该仔细揣摩 012 路的走势规律，进而判断比值。

把除三余零的数字定义为 0 路，把除三余一的数字定义为 1 路，把除三余二的数字定义为 2 路，即：

0 路包括的数字：0、3、6、9；

1 路包括的数字：1、4、7；

2 路包括的数字：2、5、8。

这样，我们就一目了然了。

如果我们判断百位是 0 路；十位是 2 路；个位是 0 路，那么，我们是不是就把个、十、百位的十个数字都简化成了三码到四码了呢？

百：0、3、6、9；

十：2、5、8；

个：0、3、6、9。

然后，我们再利用定胆杀号等方法，轻而易举就可以中奖。

三、魔方选号法

魔方选号法是利用上期的开奖号码，本期的开机号、试机号，在开机号或试机号号码盘当中全部找到，并且将临近的数字标注出来，利用旋转定码的方法确定开奖号码。

第二节　围攻、012路、魔方选号法的实战技巧与实例

一、围攻选号法的实战技巧与实例

围攻选号法，一定要选择对的位置。最好的方法是先用前二期的开奖号码做定位工作，选准位置之后，旋转得来的号码才具有实效性。因为前面的开奖号码有很多，也有很多可以将上期开出的三个数字连成一条线的情况产生，如果是这样，我们最多中一到两个号码，毫无用处。

3D 举例：

188 期开奖号码 099；

189 期开奖号码 790。

表 4-1　例一

期号	开奖号码
2016182	489
2016183	695
2016184	703
2016185	380
2016186	618
2016187	139
2016188	099
2016189	790

194 期开奖号码 407；

195 期开奖号码 610。

表 4-2　例二

期号	开奖号码
2016188	099
2016189	790
2016190	823
2016191	308
2016192	661
2016193	695
2016194	407
2016195	610

195 期开奖号码 610；

196 期开奖号码 907。

表 4-3　例三

期号	开奖号码
2016189	790
2016190	823
2016191	308
2016192	661
2016193	695
2016194	407
2016195	610
2016196	907

196 期开奖号码 907；

197 期开奖号码 915。

表 4-4 例四

期号	开奖号码
2016190	823
2016191	308
2016192	661
2016193	695
2016194	407
2016195	610
2016196	907
2016197	915

208 期开奖号码 950；

209 期开奖号码 023；

210 期开奖号码 279。

表 4-5 例五

期号	开奖号码
2016201	320
2016202	784
2016203	975
2016204	329
2016205	499
2016206	173
2016207	596
2016208	950
2016209	023
2016210	279

213 期开奖号码 173；

214 期开奖号码 942。

表 4-6　例六

期号	开奖号码
2016204	329
2016205	499
2016206	173
2016207	596
2016208	950
2016209	023
2016210	279
2016211	634
2016212	038
2016213	173
2016214	942

215 期开奖号码 144；

216 期开奖号码 334；

217 期开奖号码 038。

表 4-7　例七

期号	开奖号码
2016211	634
2016212	038
2016213	173
2016214	942
2016215	144
2016216	334
2016217	038

以上是在 2016 年福彩 3D 开奖情况举例。

排列三举例：

188 期开奖号码 842；

189 期开奖号码 131。

表4-8 例八

期号	开奖号码
2016183	573
2016184	359
2016185	542
2016186	811
2016187	307
2016188	842
2016189	131

200 期开奖号码 583；

201 期开奖号码 374。

表4-9 例九

期号	开奖号码
2016192	325
2016193	783
2016194	557
2016195	024
2016196	339
2016197	300
2016198	289
2016199	510
2016200	583
2016201	374

201 期开奖号码 374；

202 期开奖号码 584。

表4-10 例十

期号	开奖号码
2016193	783
2016194	557
2016195	024

期号	开奖号码
2016196	339
2016197	300
2016198	289
2016199	510
2016200	583
2016201	374
2016202	584

205 期开奖号码 435；

206 期开奖号码 788。

表 4-11　例十一

期号	开奖号码
2016200	583
2016201	374
2016202	584
2016203	044
2016204	244
2016205	435
2016206	788

215 期开奖号码 787；

216 期开奖号码 398。

表 4-12　例十二

期号	开奖号码
2016207	775
2016208	284
2016209	299
2016210	305
2016211	463
2016212	693

续表

期号	开奖号码
2016213	658
2016214	709
2016215	787
2016216	398

理论联系实际才是最好的方法，我们可以找出之前的开奖号码进行练习，再逐步地进入实战中。

二、012 路选号法的实战技巧与实例

012 路选号方法，最重要的是正确判断百、十、个位各属于哪个路数，那么如何判断呢？

（一）012 路走势图判断法

观察走势图的出号形态，值得注意的是，要每一位数逐一进行判断，万万不可囫囵吞枣，一概而论，这样出错概率远胜中奖概率了。

号码的走势已经基本形成了一些规律。在某一个号位上，012 路形态出现一个相近性规律。本期的中奖号码总是与上两期的路数重复，而不会超越上两期的路数变成其他的路数。例如，福彩 3D 第 2016194 期个位号码为"7"，路数为 1 路，第 2016195 期个位号码为"0"，路数为 0 路，那么我们可以判断第 2016196 期个位的号码不是 1 路就是 0 路，直接杀掉 2 路号。第 2016196 期开奖结果个位是"7"，为 1 路号码。预测其他位子号码，以此类推。我们在看号码时通常只考虑其前几期的号码，而不会考虑太远的走势。在 0 路和 1 路数字经常出现的情况下，我们可以直接忽略 2 路号码的出现。在号码走势中，不可能每次都能判断正确，需要在大部分情况下，争取把握正确的方法。如

第 2016230 期个位号码开出的是"7"，为 1 路号，2016231 期个位号码开"8"，为 2 路号码，若以上述方法预测显然是错了，此时在 2016231 期中的个位，就要考虑上两期的 2 路号码和 1 路号码了，直接杀掉 0 路号码。

如果碰到某一号位连续多期路数一样的话，那么应将连续重复的路数合并。假如第 a 期个位出的是 1 路，而第 b、c、d、e 期个位出的都是 2 路数字，就应把这 4 期合并看为 2 路号码，我们当期同样要考虑 1 路号码和 2 路号码。

规律总结 3 期之内一般不会出现 3 种 012 路的形态。

（二）必下一路法

用上期开奖号码的十位乘以 4，得出的个位号码，就是本期 012 路必下的一路。

例如，2016228 期开奖号码 188，8 × 4 = 32，个位号码 2，为 2 路。那么预测下期有 2 路号码开出。2016229 期开奖号码 378，8 为 2 路，预测正确。

我们判断好路数以后，例如，2016229 期，如果我们判断的是百位 0 路，十位 1 路，个位 2 路，那么，我们很容易选出开奖号码 378，既然判断正确了百、十、个位路数，首先不用再去将组选号码定位成单选，购买单选号码了，继而中取千元奖金。

如果不愿意用定位打法，我们可以利用定胆杀号的方法确定必出号码，删掉概率小的号码，以单式投注。

三、魔方选号法的实战技巧与实例

魔方选号法，以上期的开奖号码，本期开机号、试机号，在开机号或试机号号码盘中全部找到，以选取附近号码的方法。它与围攻选号法有相同之处，但不同的是准确率更高，伏击面积更小，可能几注号码就中奖。

那么，如何操作呢？只需简单的三步：

第一步：找出上期开奖号码、本期开机号和试机号。

例如：2016229 期开奖号码 378；

2016230 期开机号 316；

2016230 期试机号 495。

第二步：将三项参数在试机号号码盘当中找到。

表 4-13　在试机号号码盘中找

期号	开机号	试机号	开奖号
2016222	814	653	404
2016223	519	928	297
2016224	085	801	278
2016225	735	715	212
2016226	063	633	289
2016227	823	201	698
2016228	439	081	188
2016229	509	974	378
2016230	316	495	?

第三步：锁定号码范围，选出开奖号。

表 4-14　选号一

期号	开机号	试机号	开奖号
2016222	814	653	404
2016223	519	928	297
2016224	085	801	278
2016225	735	715	212
2016226	063	633	289
2016227	823	201	698
2016228	439	081	188
2016229	509	974	378
2016230	316	495	497

2016230 期开奖号码 497，就在 222~224 期的范围内。

表 4-15　选号二

期号	开机号	试机号	开奖号
2016182	794	614	489
2016183	502	090	695
2016184	841	674	703
2016185	287	906	380
2016186	712	726	618
2016187	524	050	139
2016188	029	038	099
2016189	513	311	790
2016190	217	450	823
2016191	736	075	308
2016192	315	945	661
2016193	473	746	695
2016194	921	170	407
2016195	803	972	610
2016196	317	609	907
2016197	824	876	915
2016198	517	150	303
2016199	452	901	347
2016200	716	463	932
2016201	621	146	320
2016202	543	431	784
2016203	217	096	975
2016204	608	094	329
2016205	035	952	499
2016206	831	942	173
2016207	084	207	596
2016208	719	911	950
2016209	430	778	023
2016210	613	837	279
2016211	215	504	634

续表

期号	开机号	试机号	开奖号
2016212	835	461	038
2016213	471	031	173
2016214	652	594	942
2016215	816	269	144
2016216	704	610	334
2016217	518	092	038
2016218	923	318	233
2016219	317	241	410
2016220	152	734	367
2016221	654	519	808
2016222	814	653	404
2016223	519	928	297
2016224	085	801	278
2016225	735	715	212
2016226	063	633	289
2016227	823	201	698
2016228	439	081	188
2016229	509	974	378
2016230	316	495	497
2016231	752	922	458

表 4-15 中未经过任何标注，意在于请彩民朋友用上述方法做进一步练习，以达到精准预测的目的。

第三节　单选定位法

一、跟随法

跟随号码是对指定开奖号码（一般为最新开奖号码）中每

个数字在以往开奖历史数据中跟随数字的次数统计后次数大于 0 的数字集合。跟随法指的是当第一个数字出现在中奖号码中时，下一个数字就会出现在下一期中奖号码中，我们称后一个号码为前一个号码的跟随号。即此单码在某个号码上出现后，下一个单码往往会习惯性地随其开出。注意某个号码随码开出好几期后，下期得注意可能会开此号码的邻码。但具体情况还得因走势变化而变化。

如体彩某期个位开出号码 6 以后，习惯性在下期开出 7，因此个位 6 开出后，应该重点注意 7 做参考。

（一）选三型号码跟随（不定位）

1. 3D

上期出 1 下跟 9；

上期下 2 防 1、9；

上期 3 落 3、4、9；

上期 4 下 1、3、9；

上期落 5 看 1、3；

上期 6 下 1 和 9；

上期有 7 防 1、8、9；

上期 8 落下 1、3、6；

上期有 9 下期防 3、4；

上期落 0 防组三。

上下两期不定位；

切勿慌乱出错误；

上述号码概率高；

各位彩友请参考。

2. 排列三

上期出 1 下 5、6、7；

上期下 2 防 2、3、6；

上期 3 落 2、3、7；

上期 4 下 1、3、6；

上期落 5 看 3、4、6；

上期 6 下 1、3、6；

上期有 7 要防 2、4、5；

上期 8 落下 4、6、7；

上期 9 落 0、7、9；

下期 0 落 0、2、7。

上下两期不定位；

切勿慌乱出错误；

上述号码概率高；

各位彩友请参考。

（二）选三型号码跟随（定位）

1. 3D

上期出 1 下跟 0、6、9；

上期下 2 防 4、5、9；

上期 3 落 3、4、6；

上期 4 下 1、3、4；

上期落 5 看 0、3、6；

上期 6 下 0、8、9；

上期有 7 防 3、8、9；

上期 8 落下 1、3、7；

上期有 9 下期防 3、4、9；

上期落 0 防 1、2、4。

上下两期定位落；

切勿慌乱出错误；

上述号码概率高；

各位彩友请参考。

2. 排列三

上期出 1 下 1、2、6；

上期下 2 防 2、6、9；

上期 3 落 3、4、7；

上期 4 下 1、3、6；

上期落 5 看 2、3、6；

上期 6 下 1、3、8；

上期有 7 防 2、5、8；

上期 8 落下 4、5、6；

上期 9 落 0、1、7；

下期 0 落 2、6、9。

上下两期定位落；

切勿慌乱出错误；

上述号码概率高；

各位彩友请参考。

二、遗漏法

每个单码在某个号位上均有一个遗漏值。遗漏用通俗的话是指号码二次开奖之间的间隔期数。遗漏值也称 K 值，即是某个开奖号码或者某种号码类型距离上次出的间隔期数。利用遗漏值分析号码是技术派彩民常用的方法，可利用号码的遗漏、和值的遗漏，奇偶、大小、质合、012 路分布的遗漏、组三的遗漏值等进行分析和选号。

如数字的遗漏，正常情况下，每个数字平均 3~4 期就应该出现一次，但在实际情况中，数字不会平均出现，一段时间内会有热号、温号、冷号之分。自体彩排列三发行以来，目前最大的遗漏为个位的号码"1"，在80期开出了。投注时，可以根据号码及各种号码类型的遗漏情况确定下一期出奖号码。简单地说，当某一个号码或某一种形态的遗漏超出其应有的间隔数，或超出其最大遗漏时，超出越多，这个号码或形态开出的可能性越大。

三、直连与斜连

直连指的是在某个号位上某个单码与上期重复的单码，叫作直连，也就是通常所说的平码；斜连指的是在某个号位上某个单码与上期相邻的号码，叫作斜连，也就是通常所说的邻码。直连一般都是10天左右出现1次；斜连一般是几天出现1次。由此我们在观察某位在一定时期后没有出现直连，这就是我们重点关注的问题之一。在一定时期没有出斜连时，同样注意跳连（各号码等间隔连号）。

如024、135、246、357、468等，同时具体情况还得由走势变化而变化。

四、加减法

加减法指某个号位上本期所开出的数字是上期与上上期两个数字的和或差。

号码间距是每两个相邻位置数字的差值的绝对值，号码间距一般指组选号码的间距，即小号在前、大号在后的排列。这和位差有点相似，但还是有区别的。所以，此种方法应详细统计两期之间的距离由走势变化而变化。这种加减法如进行长期的统计，就会发现一些偏态，这些数字之间存在横向加减的关系；也可以利用数字之间纵向加减的关系寻找下期可能出现的数字,即把所谓横码的关系转化为竖码的关系,进行通盘考虑。再如把连续3期的百、十、个位数分别寻找加减关系,可以达到预想的效果。当然任何选号方法都不是绝对的,但只要坚定信心,总有一天会成功的。

五、三步定位法

第一步,根据号码冷热,排除最冷的位置号码。我们看百、十、个位三个位置号码4的走势。百位上的号码4属于冷号,那么4出现在百位上的概率就比较小。号码5在百位上也属于冷号,故被排除。

第二步,根据奇偶求平衡,选择出号少的号码。观察三个位置的奇偶比的偏态现象,也就是在一个位置上出现的奇数和偶数的比例。比如,在3D第133~136期,百位上连续出现4期偶数,那么考虑平衡因素,3D第137期百位尽量不考虑偶数4,只能考虑5或9。

第三步,根据大小找趋势,再定码。分析某一个位置的大小走势图表,比如某一位置上的走势是从2到3,从3到5,从5到8的走势,那么就判定下期百位的走势是"小"。在"459"三个组选的中奖号码中,我们发现大号码在个位上走势过热,4期中出现了3期大号,那么大号5、9就可以在个位上排除。

本章归纳

本章为全书中心思想。介绍了三种不错的选号方法,勤加练习,则经常中奖不再是难事。

|第五章|

选号实战

前面我们讲解了基本的方法，本章我们梳理一下选号的操作。

第一节　福彩 3D

以福彩 3D　2016150 期开奖号码"912"预测 2016151 期开奖号码。

一、围攻选号方法

前文讲的是综合方法的验证效果，旋转找码的方法需要强加练习才可以熟能生巧，下面我们详细地按步骤梳理一下，并介绍一个新的组号方法。

第一步：在之前的开奖号码中找到 2016150 期开奖号码。

表 5-1　开奖号码（一）

期号	开奖号码
2016142	435
2016143	503
2106144	625
2016145	941
2016146	761
2016147	989
2016148	813
2016149	753
2016150	912

第二步：选出开奖号码每位数周围的号码。

2 附近：5630；

9 附近：467；

1 附近：541。

第三步：整理围出的号码。

我们围出了 0134567。

第四步：过滤缩水。

在网上有五花八门的过滤缩水软件，参差不齐，有好有不好。笔者常用的软件"数字三分析家"，下面就看看它是如何产生奇妙效果的。

036 063 136 163 306 316

336 346 356 360 361 363

364 365 366 367 376 436

463 536 563 603 613 630

631 633 634 635 636 637

643 653 663 673 736 763

只要将参数设置好，10~50 注必定有一注为中奖号码。

2016151 期开奖号码为 336，我们围中号码，并且 36 注中有 336 中出。

二、魔方选号方法

2016150 期开奖号码 912，我们来预测 2016151 期的开奖号码。找出上期开奖号码、本期开机号、试机号。

表 5-2 找号（一）

期号	开机号	试机号	开奖号码
2016142	629	044	435
2016143	517	029	503
2106144	369	360	625
2016145	921	070	941
2016146	407	354	761
2016147	083	586	989
2016148	825	207	813
2016149	520	624	753
2016150	316	277	912
2016151	435	887	?

上期开奖号码 912；

本期开机号码 435；

本期试机号码 887；

2016151 期开奖号码为 336。

请各位彩民仔细看表 5-2 中有没有号码 336 呢？

第二节　排列三

以体彩排列三 2016150 期开奖号码"114"预测 2016151 期开奖号码。

一、围攻选号法

第一步：在之前的开奖号码中找到 2016150 期开奖号码。

表 5-3　开奖号码（二）

期号	开奖号码
2016142	347
2016143	112
2106144	568
2016145	014
2016146	145
2016147	976
2016148	787
2016149	757
2016150	114
2016151	？

第二步：选出开奖号码每位数周围的号码。

1 附近号码：0145679；

4 附近号码：0145679。

第三步：整理围出的号码。

我们围出了 0145679。

第四步：定胆，用 1、3 层级定胆法，定出胆 156789，因为我们围出来的号码当中未出现 8，所以将 8 排除。

利用 0369 定律定胆：0 6 9 将 6 设为独胆，69 设为双胆。

第五步：过滤缩水。

下面我们再使用软件过滤号码。

066	166	466	566	606	616
646	656	660	661	664	665
667	669	676	696	766	966

只要将参数设置好，10~50 注必定有一注为中奖号码。

2016151 期开奖号码为 616，我们围中号码，并且注中有 616 中出。

二、012 路选号法

前边已经说过，012 路选号法，关键在于 0 路，1 路，2 路号码的判断。为了更明确每一步的论述，我们再来分步骤整理一下。

我们来预测 2016151 期的开奖号码。

第一步：012 路的判定。

012 路的判断，要结合每一位开奖号码的 012 路走势和经验来判断，不可粗心大意。

表 5-4 找号（二）

期号	开奖号码	012 路
2016141	720	百1十2个0
2016142	347	百0十1个1
2016143	112	百1十1个2
2016144	568	百2十0个2
2016145	014	百0十1个1
2016146	145	百1十1个2
2016147	976	百0十1个0
2016148	787	百1十2个1
2016149	757	百1十2个1
2016150	114	百1十1个1
2016151	?	?

我们遵循恒热走热的原则首先定百位 1 路号码，其次是 0 路号码。

十位号码开出路数 0 路为冷，要防 0 路回补，所以首先定 0 路号码，按照对称性 211，211 要防 1 路号码开出，彩票中经常出现等距离落号的现象，所以十位定 0 路 1 路号码。

个位号码也同样遵循恒热走热的方法，所以，首先定 1 路。其次按照数全开来判断，012，120，在 1 路号码走尽，0 路号码有可能回补，所以个位定 1 路 0 路。

第二步：按路数找出对应号码。

百位 0 路：0、3、6、9

百位 1 路：1、4、7

十位 0 路：0、3、6、9

十位 1 路：1、4、7

个位 1 路：1、4、7

个位 0 路：0、3、6、9

第三步：整理。

百位：0、1、3、4、6、7、9

十位：0、1、3、4、6、7、9

个位：0、1、3、4、6、7、9

第四步：借用杀号或定胆方法，减少投注注数。

采用定胆方法：0369 定律。

定胆：0369。

2016151 期开奖号码 616，完全正确。

三、魔方选号方法

2016150 期开奖号码 114，我们来预测 2016151 期的开奖号码。

找出上期开奖号码、本期开机号、本期试机号。

表 5–5　开奖号码（三）

期号	开机号	试机号	开奖号码
2016142	542	036	347
2016143	217	573	112
2106144	069	459	568
2016145	677	931	014
2016146	473	740	145
2016147	821	401	976
2016148	682	419	787
2016149	401	556	757
2016150	671	278	114
2016151	156	770	?

上期开奖号码：114；

本期开机号码：156；

本期试机号码：770；

2016151 期开奖号码为：616。

本章归纳

为了便于读者朋友更好地学习选三型彩票的选号方法，特将三种选号方法按照步骤梳理了一下，更简单、更直观。

第六章

排列三与福彩 3D 的彩票法则

无论玩哪种类型的彩票，不懂得基本规则，都是不行的。

例如：购买了一注福彩 3D，很幸运，中奖了。可是自己不懂得彩票兑奖是有时间限制的，延误了时间也就是放弃了兑奖，放弃了奖金。所以，本章内容，也是我们应该掌握的。

一、排列三玩法总则

第一条 根据财政部《彩票发行与销售管理暂行规定》和国家体育总局《体育彩票发行与销售管理暂行办法》特制定本游戏规则。

第二条 体彩排列三电脑体育彩票由国家体育总局体育彩票管理中心统一发行，在全国范围内采用计算机网络系统进行联合销售。

第三条 体彩排列三实行自愿购买，凡购买该彩票者即被视为同意并遵守本规则。

第四条 购买"体彩排列三"时，由购买者从 000~999 的数字中选取 1 个 3 位数为投注号码进行投注。

第五条　购买者可在全国各省（区、市）体育彩票管理中心设置的投注站进行投注。投注号码可由投注机随机产生，也可通过投注单将购买者选定的号码输入投注机确定。投注号码经高尔夫娱乐城系统确认后打印出的兑奖凭证即为体彩排列 3 电脑体育彩票，交购买者保存。

第六条　"体彩排列三"电脑体育彩票每注 2 元人民币。不记名，不挂失，不返还本金，不流通使用。

第七条　"体彩排列三"按"直选投注"、"组选三"、"组选六"等不同投注方式进行设奖，均设一个奖级，为固定奖。

第八条　各奖级奖金分配：

"直选投注"，单注固定奖金 1040 元。"组选三"，单注固定奖金 346 元。"组选六"，单注固定奖金 173 元。

第九条　销售总额的 53% 为奖金，分为当期奖金和调节基金。其中，52% 为当期奖金，1% 为调节基金。

中奖办法

第十条　"体彩排列三"天天开奖，摇奖过程在公证人员监督下进行，通过电视台播出。"体彩排列 3"、"排列 5"同时开奖，一次产生 5 个号码，其中奖号码为当期摇出的全部中奖号码的前 3 位。

第十一条　每期开奖后，国家体育总局体育彩票管理中心需将中奖号码、当期销售总额、各奖等中奖情况以及奖池资金余额等信息，通过新闻媒体向社会公布，并将开奖结果通知各销售终端。

第十二条　所购彩票与开奖结果对照，符合以下情况即为中奖：

"直选投注"：所选号码与中奖号码相同且顺序一致，则该注彩票中奖。例如，中奖号码为 543，则中奖结果为 543。

"组选三"：中奖号码中任意两位数字相同，中奖号码为 544，则中奖结果为 544、454、445 之一均可。

"组选六"：所选号码与中奖号码相同且顺序不限，则该注彩票中奖。例如，中奖号码为 543，则中奖结果为 543、534、453、435、345、354 之一均可。

第十三条　当期每注彩票只有一次中奖机会，不得兼中兼得，另行设立的特别奖项除外的。

附则

第十四条　本游戏规则解释权属国家体育总局体育彩票管理中心。

第十五条　本游戏规则自下发之日起执行。

兑奖规则

"单选"奖：投注号码与当期公布的中奖号码的 3 位数按位数全部相同，即中得单选奖（1000 元），如是 231，投注号码也必须要是 231 才算中奖。

"组选三"奖：当期摇出的中奖号码 3 位数中有任意两位数字相同，且投注号码与中奖号码的数字相同，顺序不限，即中得"组选三"奖（320 元），如开奖号码是 112，投注号码是 121，211，112 中任意一注就中奖。

"组选六"奖：当期摇出的中奖号码中 3 位数各不相同，且投注号码的三个数字与当期中奖号码相同，顺序不限，即中得"组选六"奖（160 元），如开奖号码是 213，投注号码是 123，132，213，231，312，321 中的任意一注就中奖。

"排列三"兑奖当期有效。每期自开奖次日起 60 天为兑奖期，逾期未兑，视为弃奖纳入调节基金。兑奖机构有权查验中奖者的中奖彩票及有效身份证件，兑奖者应予以配合。凡伪造、涂改中奖彩票，冒领奖金者，送交司法机关追究法律责任。

奖金介绍

根据《排列三电脑体育彩票游戏规则》奖金规定如下：

"直选投注"，单注固定奖金 1040 元。

"组选三"，单注固定奖金 346 元。

"组选六"，单注固定奖金 173 元。

销售总额的 53% 为奖金，分为当期奖金和调节基金。其中，52% 为当期奖金，1% 为调节基金。

奖金管理

"排列三"设置奖池，奖池由每期奖金与实际中出奖金的差额累计而成。若当期奖金大于当期中出奖金时，余额滚入奖池；若当期奖金小于当期中出奖金时，差额用奖池补足；若奖池不足时，用调节基金补足，调节基金不足时，从发行经费中垫支。

调节基金包括按销售总额的 1% 提取部分、弃奖收入和逾期未退票的票款。调节基金专项用于支付各种不可预见情况下的奖金支出风险以及设立特别奖。

二、福彩 3D 玩法规则

第一章 总则

第一条 根据《彩票管理条例》、《彩票管理条例实施细则》、《彩票发行销售管理办法》（财综〔2012〕102 号）等相关规定，制定本规则。

第二条 中国福利彩票 3D 游戏（以下简称 3D）由中国福利彩票发行管理中心（以下简称中福彩中心）发行和组织销售，由各福利彩票销售机构（以下称福彩销售机构）在所辖区域内销售。

第三条 3D 采用计算机网络系统发行，在福彩销售机构设置的销售网点销售，定期开奖。

第四条　3D 实行自愿购买，凡购买者均被视为同意并遵守本规则。

第五条　不得向未成年人出售彩票或兑付奖金。

第二章　投注

第六条　3D 是指以三个号码排列或组合为一注进行单式投注，投注号码由 000~999 组成，三个位置从左至右分别为"百位"、"十位"、"个位"，一组三个号码的排列或组合称为一注。每注金额 2 元人民币。购买者可对其选定的投注号码进行多倍投注，投注倍数范围为 2~99 倍。单张彩票的投注金额最高不得超过 20000 元。

第七条　投注者可在福彩销售机构设置的销售网点投注。投注号码经投注机打印出兑奖凭证，交购买者保存，此兑奖凭证即为 3D 彩票。

第八条　3D 根据投注号码的排列或组合分为"单选"、"组选"、"1D"、"2D"、"通选"、"和数"、"包选"、"猜大小"、"猜 1D"、"猜 2D"、"猜三同"、"拖拉机"、"猜奇偶"等投注方式，具体规定如下：

（一）单选投注：是指对三个号码以唯一的排列方式进行投注。

（二）组选投注：是指将三个号码的所有排列方式作为一注投注号码进行投注。如果一注组选的三个号码中有两个号码相同，则包括三种不同的排列方式，称为"组选三"；如果一注组选的三个号码各不相同，则包括六种不同的排列方式，称为"组选六"。

（三）1D 投注：是指对百位、十位或个位中某一特定位置上的号码进行投注。

（四）猜 1D 投注：是指对百位、十位或个位中任意一个位置上的号码进行投注。

（五）2D 投注：是指对百位和十位、十位和个位或百位和个位号码，以唯一的排列方式进行投注。

（六）猜 2D 投注：是指对百位、十位或个位中任意两个位置上的号码进行投注。

（七）通选投注：是指对三个号码以唯一的排列方式进行投注。

（八）和数投注：是指对三个号码相加之和进行投注。

（九）包选投注：是指同时用单选和组选的方式对三个号码进行投注。如果三个号码中有两个号码相同，则包括三种不同的排列方式，称为"包选三"；如果三个号码各不相同，则包括六种不同的排列方式，称为"包选六"。

（十）猜大小投注：是指对三个号码相加之和的大、小性质进行投注。其中，三个号码相加之和在 19（含）至 27（含）之间时为大，在 0（含）至 8（含）之间时为小。

（十一）猜三同投注：是指对全部三个相同的号码进行投注。

（十二）拖拉机投注：是指对全部以升序或降序连续排列的号码进行投注（890、098、901、109 除外）。

（十三）猜奇偶投注：是指对全部三个号码的奇数、偶数性质进行投注。其中，1、3、5、7、9 为奇，0、2、4、6、8 为偶。

第九条 购买者可选择机选号码投注、自选号码投注。机选号码投注是指由投注机随机产生投注号码进行投注；自选号码投注是指将购买者选定的号码输入投注机进行投注。

第十条 购买者可选择复式投注、多期投注。复式投注是指所选号码个数超过单式投注的号码个数，所选号码可排列或组合为每一种单式投注方式的多注彩票的投注。多期投注是指购买从当期起最多连续 7 期的彩票。

第十一条　3D 每天销售一期，期号以开奖日界定，按日历年度编排。

第十二条　3D 每期全部投注号码的可投注数量实行限量销售，由福彩销售机构根据实际情况确定具体的限额，若投注号码受限，则不能投注。若因销售终端故障、通信线路故障和投注站信用额度受限等原因造成投注不成功，应退还购买者投注金额。

　　第三章　设奖

第十三条　3D 按当期销售额的 53%、13% 和 34% 分别计提彩票奖金、彩票发行费和彩票公益金。彩票奖金分为当期奖金和调节基金，其中，52% 为当期奖金，1% 为调节基金。

第十四条　3D 按不同单式投注方式设奖，均为固定奖。奖金规定如下：

（一）单选投注

单选：单注奖金固定为 1040 元。

（二）组选投注

1. 组选三：单注奖金固定为 346 元。

2. 组选六：单注奖金固定为 173 元。

（三）1D 投注

1D：单注奖金固定为 10 元。

（四）猜 1D 投注

1. 猜中 1：单注奖金固定为 2 元；

2. 猜中 2：单注奖金固定为 12 元；

3. 猜中 3：单注奖金固定为 230 元。

（五）2D 投注

2D：单注奖金固定为 104 元。

（六）猜 2D 投注

1. 两同号：单注奖金固定为 37 元；

2. 两不同号：单注奖金固定为 19 元。

（七）通选投注

1. 通选 1：单注奖金固定为 470 元；

2. 通选 2：单注奖金固定为 21 元。

（八）和数投注

1. 和数 0 或 27：单注奖金固定为 1040 元；

2. 和数 1 或 26：单注奖金固定为 345 元；

3. 和数 2 或 25：单注奖金固定为 172 元；

4. 和数 3 或 24：单注奖金固定为 104 元；

5. 和数 4 或 23：单注奖金固定为 69 元；

6. 和数 5 或 22：单注奖金固定为 49 元；

7. 和数 6 或 21：单注奖金固定为 37 元；

8. 和数 7 或 20：单注奖金固定为 29 元；

9. 和数 8 或 19：单注奖金固定为 23 元；

10. 和数 9 或 18：单注奖金固定为 19 元；

11. 和数 10 或 17：单注奖金固定为 16 元；

12. 和数 11 或 16：单注奖金固定为 15 元；

13. 和数 12 或 15：单注奖金固定为 15 元；

14. 和数 13 或 14：单注奖金固定为 14 元。

（九）包选投注

1. 包选三：

（1）全中：单注奖金固定为 693 元；

（2）组中：单注奖金固定为 173 元。

2. 包选六：

（1）全中：单注奖金固定为 606 元；

（2）组中：单注奖金固定为 86 元。

（十）猜大小投注

猜大小：单注奖金固定为 6 元。

（十一）猜三同投注

猜三同：单注奖金固定为 104 元。

（十二）拖拉机投注

拖拉机：单注奖金固定为 65 元。

（十三）猜奇偶投注

猜奇偶：单注奖金固定为 8 元。

第十五条　3D 设置调节基金。调节基金包括按销售总额 1% 提取部分、逾期未退票的票款和奖池资金达到一定数额后超出部分转入资金。调节基金用于支付不可预见的奖金支出风险，以及设立特别奖。动用调节基金设立特别奖，应报同级财政部门审核批准。

第十六条　3D 设置奖池。奖池资金由当期计提奖金与实际中出奖金的差额组成。当期实际中出奖金小于计提奖金时，余额进入奖池；当期实际中出奖金超过计提奖金时，差额由奖池资金补足。当奖池资金总额不足时，由调节基金补足，调节基金不足时，用彩票兑奖周转金垫支。在出现彩票兑奖周转金垫支的情况下，当调节基金有资金滚入时优先偿还垫支的彩票兑奖周转金。当奖池资金达到 200 万元后，超出部分可以转入调节基金。

第四章　开奖

第十七条　3D 由中福彩中心统一开奖，每天开奖一次。

第十八条　3D 通过专用摇奖设备确定开奖号码。每期按百位、十位、个位的顺序从 000~999 中摇出一个三位数的号码，作为当期开奖号码。

選三型彩票中奖方法与技巧

第十九条 每期开奖后，福彩销售机构应向社会公布开奖号码、当期销售总额、各投注方式中奖情况及奖池资金余额等信息，并将开奖结果通知销售网点。

第五章 中奖

第二十条 根据购买者选择的 3D 的投注号码和投注方式，与当期开奖号码的相符情况，确定相应的中奖资格。具体规定如下：

（一）单选投注

单选：投注号码与当期开奖号码按位全部相同（百位＋十位＋个位），即中奖。

（二）组选投注

1. 组选三：当期开奖号码的三位数中任意两位数字相同，且投注号码与当期开奖号码相同（顺序不限），即中奖。

2. 组选六：当期开奖号码的三位数各不相同，且投注号码与当期开奖号码相同（顺序不限），即中奖。

（三）1D 投注

1D：投注号码与当期开奖号码中对应位置的号码相同，即中奖。

（四）猜 1D 投注

1. 猜中 1：投注号码与当期开奖号码中任意一个位置的号码相同，即中奖。

2. 猜中 2：投注号码与当期开奖号码中任意两个位置的号码相同，即中奖。

3. 猜中 3：投注号码与当期开奖号码中全部三个位置的号码相同，即中奖。

（五）2D 投注

2D：投注号码与当期开奖号码中对应两个位置的号码按位

相同，即中奖。

（六）猜 2D 投注

1. 两同号：投注号码为两个相同的号码，若当期开奖号码中包含投注的两个相同号码，即中奖。

2. 两不同号：投注号码为两个不同的号码，若当期开奖号码中包含投注的两个不同号码（顺序不限），即中奖。

（七）通选投注

1. 通选①：投注号码与当期开奖号码按位全部相同（百位 + 十位 + 个位），即中奖。

2. 通选②：投注号码与当期开奖号码中任意两个位置的号码按位相同，即中奖。

（八）和数投注

和数：投注号码与当期开奖号码的三个号码相加之和相同，即中奖。

（九）包选投注

1. 包选三：

（1）全中：投注号码的三位数中任意两位数字相同，且投注号码与当期开奖号码按位全部相同，即中奖。

（2）组中：投注号码的三位数中任意两位数字相同，且投注号码与当期开奖号码全部相同（顺序不同），即中奖。

2. 包选六：

（1）全中：投注号码的三位数各不相同，且投注号码与当期开奖号码按位全部相同，即中奖。

（2）组中：投注号码的三位数各不相同，且投注号码与当期开奖号码全部相同（顺序不同），即中奖。

（十）猜大小投注

猜大小：投注号码与当期开奖号码的三个号码相加之和的

大、小性质相同，即中奖。其中，三个号码相加之和在 19（含）至 27（含）之间时为大，在 0（含）至 8（含）之间时为小。

（十一）猜三同投注

猜三同：当期开奖号码为三个相同的号码，即中奖。

（十二）拖拉机投注

拖拉机：当期开奖号码的三个号码为以升序或降序连续排列的号码（890、098、901、109 除外），即中奖。

（十三）猜奇偶投注

猜奇偶：当期开奖号码的三个号码全部为奇数或偶数，且投注号码与当期开奖号码的三个号码的奇数、偶数性质相同，即中奖。其中，1、3、5、7、9 为奇，0、2、4、6、8 为偶。

第二十一条 当期每注投注号码按其投注方式只有一次中奖机会，不能兼中兼得，特别设奖除外。

第六章　兑奖

第二十二条 3D 兑奖当期有效。中奖者应当自开奖之日起 60 个自然日内，持中奖彩票到指定的地点兑奖。逾期未兑奖视为弃奖，弃奖奖金纳入彩票公益金。

第二十三条 中奖彩票为中奖唯一凭证，中奖彩票因玷污、损坏等原因不能正确识别的，不能兑奖。

第二十四条 兑奖机构可以查验中奖者的中奖彩票及有效身份证件，中奖者兑奖时应予以配合。

第七章　附则

第二十五条 本规则自批准销售之日起执行。

本章归纳

主要讲了福彩 3D 和体彩排列三的一些法则纲要。

第七章

彩票中的境界

人们常说："生命诚可贵，爱情价更高，若为自由故，二者皆可抛。"

在彩票当中也有境界存在，玩彩票，玩的就是一个中奖，另外就是境界。

一、意境浅谈

许多人体会出彩票的无限魅力，更有一些人因为中巨奖而使人生更加辉煌。彩票在培养良好心态、丰富业余生活和活跃大脑思维等方面把人们引入更深层的境界。

二、境界一

有理有据。在每一个福利彩票投注站，人们都会把选号作为突出话题，相互交流彩经，仔细观看图表，认真研究号码。为了确定自己的"胆"码，有人会连续多时苦苦思索；为了使自己的复式更厚实，有人会画出多种曲线；为了使自己的单注更准确，有人会做出多种组合。细心推敲，反复琢磨，让自己离 500 万元近一些，让自己的梦想早日实现。有的彩民说："我选出的每一个号码都有一定的说法，有重复码、边缘码、连码、重点区间冷码等，可能顾及太多，一时不能中奖，但我相信通过研究彩票能培养良好的思维习惯，这样玩起彩票才更有意思。"

三、境界二

自娱自乐。生活节奏越来越快，从某种角度而言，人们甚至感觉到无形负担压迫得喘不过气来，人们都希望通过有意义的业余生活来减轻来自工作和生活的压力。一些时尚的业余活动，或限于条件，或拘于金钱，使人们不敢涉足。比如，攀岩运动，那种与冷酷山石较量、危险做伴的野外活动，使绝大多数人退却；比如航模，需要大笔的金钱投入，一般人承受不起。而彩票就不同了，哪怕你每周只用 4 元钱，就能参与 2 期游戏活动，而快乐和希望将伴随你 7 天。4 元钱买来 7 天的快乐和美好的希望，从愉悦心情方面来说，性价比可谓很高了。

四、境界三

诚心诚意。以双色球为例，每期 8000 多万元的销售量，能为社会提供福利基金数千万元，所以社会弱势群体的救助有了更加切实的保障。彩民对这种公益事业没有理由怀疑。衷心热爱福利彩票，真情参与彩票游戏，奉献自己的爱心，让自己的心情时时感受爱潮涌动，从而给自己一片温暖色彩，体味阳光味道。现在许多人都把拥护福利彩票事业作为时尚生活的一部分，并以"彩"为媒逐渐树立起了文明生活的理念。

五、意境所在

彩票乃是生活之中的娱乐添加剂，每一种类型的彩票，其实都是有着相同的意境。

喜欢玩彩的朋友，不在少数。

生活百态尽在其中，谁又能说生活是什么呢？小小的几位数字，涵盖的却是包罗万象、形形色色的社会。每一次的购彩都是一次对生活热爱的体现，对社会大爱的关注，彩票的境界意在其中。

六、意境突围

突破每个人每颗心的意境，让真善美常驻人间。

其实每个社会人内心深处都有一方空地，等着被开采和挖掘，只是苦于没有一根绳子将心与心相连接。彩票作为一种媒介，让大家互动并互爱，也通过彩票界结识朋友，让内心深处的那一方空地成为更精彩的情怀。

本章归纳

本章介绍了彩票给朋友们所带来的色彩以及福利说。

3D、排列三选号图

一、速查表

附表 1　速查表

8	3	7	3	6	1	7	7	4	4	2	2	8
5	1	2	2	0	6	1	9	7	6	4	0	5
2	5	4	7	2	3	8	4	9	7	3	4	2
2	4	1	6	5	9	3	4	5	1	9	3	2
1	2	0	5	8	8	6	7	4	8	8	6	1
4	3	7	4	0	9	3	0	3	4	0	5	4
8	5	9	2	4	5	7	8	4	2	0	7	8
7	0	0	6	9	6	4	9	9	8	9	7	7
0	6	4	0	7	5	8	3	8	6	2	3	0
8	3	0	7	1	7	2	6	0	9	4	6	8
2	1	1	1	8	8	6	5	5	6	1	4	2
6	4	0	4	2	1	1	6	3	5	1	3	6
8	9	0	0	0	2	7	3	5	3	4	3	8
8	5	0	2	8	3	0	1	8	9	7	5	8
1	7	4	4	2	7	3	4	8	6	0	7	1

6	8	9	2	8	1	5	4	2	7	9	1	6
8	3	7	3	6	1	7	7	4	4	2	2	8

说明：与昨天开奖号码 90 度，或 4 度是今天的开奖号码，今天的号码与昨天的号码粘在一起。

二、先进宝图

附表 2　先进宝图

1	9	7	5	1	9	7	5	3
2	0	6	8	4	2	8	6	4
3	1	9	7	5	1	9	7	5
4	2	0	8	4	2	0	8	6
5	3	1	9	5	3	1	9	7
6	4	2	0	6	4	2	0	8
7	5	3	1	7	5	3	1	9
8	6	4	2	8	6	4	2	8
7	5	1	9	7	5	1	9	7
6	2	0	8	6	2	0	8	6
3	1	9	7	3	1	9	7	5
2	0	8	4	2	0	8	4	2
1	9	5	3	1	9	5	3	1
0	6	4	2	0	6	4	2	0

说明：根据上期开奖号码与本期试机号连三角或直线，以此标准参考区域内外号。

三、天罡八卦图表

附表 3 天罡八卦图表

									0		0									
		1机 1球						0	1		1	0					1机2球			
							9	1	2		2	1	9							
						7	0	2	3		3	2	0	7						
					4	8	1	3	4		4	3	1	8	4					
				0	5	9	2	4	5		5	4	2	9	5	0				
			5	1	6	0	3	5	6		6	5	3	0	6	1	5			
		9	6	2	7	1	4	6	7		7	6	4	1	7	2	6	9		
	2	0	7	3	8	2	5	7	8		8	7	5	2	8	3	7	0	2	
4	3	1	8	4	9	3	6	8	9		9	8	6	3	9	4	8	1	3	4
4	3	1	8	4	9	3	6	8	9		9	8	6	3	9	4	8	1	3	4
	2	0	7	3	8	2	5	7	8		8	7	5	2	8	3	7	0	2	
		9	6	2	7	1	4	6	7		7	6	4	1	7	2	6	9		
			5	1	6	0	3	5	6		6	5	3	0	6	1	5			
				0	5	9	2	4	5		5	4	2	9	5	0				
					4	8	1	3	4		4	3	1	8	4					
						7	0	2	3		3	2	0	7						
		2机 1球					9	1	2		2	1	9				2机2球			
								0	1		1	0								
									0		0									

说明：把每日试机号连三角形或直线，以此为标准参考区域内外号码，也可以结合胆码在附近找号。

四、和值

附表 4　和值

和值	单选	组选3					组选6										组成注数	单选注数
0	000																1	1
1		001															1	3
2		002	011														2	6
3	111	003					012										3	10
4		004	112	220			013										4	15
5		005	113	221			014	023									5	21
6		006	114	330			015	024	123								7	28
7		007	115	223	331		016	025	034	124							8	36
8		008	116	224	332	440	017	026	035	125	134						10	45
9	333	009	117	225	441		018	027	036	045	126	135	234				12	55
10		118	226	334	442	550	019	028	037	046	127	136	145	235			13	63
11		119	227	335	443	551	029	038	047	056	128	137	146	236	245		14	69
12	444	228	336	552	660		039	048	057	129	138	147	156	237	246	345	15	73
13		229	337	445	553	661	049	058	067	139	148	157	238	247	256	346	15	75
14		338	446	554	662	770	059	068	149	158	167	239	248	257	347	356	15	75
15	555	339	447	663	771		069	078	159	168	249	258	267	348	357	456	15	73

续表

和值	单选	组选3						组选6										组成注数	单选注数
16		448	556	664	772	880		079	169	178	259	268	349	358	367	457		14	69
17		449	557	665	773	881		089	179	269	278	359	368	458	467			13	63
18	666		558		774	882	990	189	279	369	378	459	468	567				12	55
19			559	667	775	883	991	289	379	469	478	568						10	45
20				668	776	884	992	389	479	569	578							8	36
21	777			669		885	993	489	579	678								7	28
22					778	886	994	589	679									5	21
23					779	887	995	689										4	15
24	888						996	789										3	10
25						889	997											2	6
26							998											1	3
27	999																	1	1

五、胆拖投注速查

（一）胆 0

1. 组选六 （36 注）

012 013 014 015 016

017 018 019 023 024

025 026 027 028 029

034 035 036 037 038

039 045 046 047 048

049 056 057 058 059

067 068 069 078 079

089

2. 组选三 （18 注）

001 002 003 004 005

006 007 008 009 011

022 033 044 055 066

077 088 099

（二）胆 1

1. 组选六 （36 注）

012 013 014 015 016

017 018 019 123 124

125 126 127 128 129

134 135 136 137 138

139 145 146 147 148

149 156 157 158 159

167 168 169 178 179

189

2. 组选三（18 注）

001 011 112 113 114

115 116 117 118 119

122 133 144 155 166

177 188 199

（三）胆 2

1. 组选六（36 注）

012 023 024 025 026

027 028 029 123 124

125 126 127 128 129

234 235 236　237 238

239 245 246 247 248

249 256 257 258 259

267 268 269 278 279

289

2. 组选三（18 注）

002 022 112 122 223

224 225 226 227 228

229 233 244 255 266

277 288 299

（四）胆 3

1. 组选六（36 注）

013 023 034 035 036

037 038 039 123 134

135 136 137 138 139

234 235 236 237 238

239 345 346 347 348

349 356 357 358 359

367 368 369 378 379

389

2. 组选三（18 注）

003 033 113 133 223

233 334 335 336 337

338 339 344 355 366

377 388 399

（五）胆 4

1. 组选六（36 注）

014	024	034	045	046
047	048	049	124	134
145	146	147	148	149
234	245	246	247	248
249	345	346	347	348
349	456	457	458	459
467	468	469	478	479
489				

2. 组选三（18 注）

004	044	114	144	224
244	334	344	445	446
447	448	449	455	466
477	488	499		

（六）胆 5

1. 组选六（36 注）

015	025	035	045	056
057	058	059	125	135

145	156	157	158	159
235	245	256	257	258
259	345	356	357	358
359	456	457	458	459
567	568	569	578	579
589				

2. 组选三（18 注）

005	055	115	155	225
255	335	355	445	455
556	557	558	559	566
577	588	599		

（七）胆 6

1. 组选六（36 注）

016	026	036	046	056
067	068	069	126	136
146	156	167	168	169
236	246	256	267	268
269	346	356	367	368
369	456	467	468	469
567	568	569	678	679
689				

2. 组选三（18 注）

006	066	116	166	226
266	336	366	446	466
556	566	667	668	669
677	688	699		

(八) 胆 7

1. 组选六 (36 注)

017	027	037	047	057
067	078	079	127	137
147	157	167	178	179
237	247	257	267	278
279	347	357	367	378
379	457	467	478	479
567	578	579	678	679
789				

2. 组选三 (18 注)

007	077	117	177	227
277	337	377	447	477
557	577	667	677	778
779	788	799		

(九) 胆 8

1. 组选六 (36 注)

018	028	038	048	058
068	078	089	128	138
148	158	168	178	189
238	248	258	268	278
289	348	358	368	378
389	458	468	478	489
568	578	589	678	689
789				

2. 组选三 (18 注)

008	088	118	188	228

288 338 388 448 488

558 588 668 688 778

788 889 899

（十）胆 9

1. 组选六（36 注）

019　029　039　049　059

069　079　089　129　139

149　159　169　179　189

239　249　259　269　279

289　349　359　369　379

389　459　469　479　489

569　579　589　679　689

789

2. 组选三（18 注）

009　099　119　199　229

299　339　399　449　499

559　599　669　699　779

799　889　899

六、万能四码、五码、六码组合

（一）四码组合（30 组）

0126 0134 0159 0178 0239

0247 0258 0357 0368 0456

0489 0679 1237 1245 1289

1358 1369 1468 1479 1567

2348 2356 2469 2579 2678

3459 3467 3789 4578 5689

（二） 五码组合 （17组）

01249 01268 01346 01467 01569

02357 02458 03789 12359 12378

12589 13478 14579 23456 24679

34689 35678

（三） 六码组合 （10组）

012346 012359 012489 013789 026789

045678 123457 156789 234568 345679

（四） 七码组合 （6组）

0123489 0156789 0245678

0345679 1234567 2356789

每期必定有一组号码中奖。

七、快三选号简析

中国福利彩票快三，很受广大彩民的喜爱和追捧。但是有没有好方法，可以大幅度提高中奖概率呢？

其实在选三型彩票中最简单的就是快三了，因为它数字更少，更便于掌握技巧与方法。我们可以利用前面所说的排列三和福彩 3D 的选号方法选取快三号码，中奖概率一样很高。

方法是，利用上期开奖号码在前面开出的号码中螺旋找码，还要切忌一点的是，每天的第一期开奖号码后面会很容易开出（最好是利用螺旋找码的方法在前边把上一期的开奖号码多找出几个，总在上期开奖号码附近出现的号码定为独胆）。

以 2016 年 8 月 31 日内蒙古快三为例，并验证第一期开奖号码在后边的出现情况。

附表 5　快三

期号	开奖号码	验证
001	233	?
002	256	出现 2
003	126	出现 2
004	333	出现 3
005	115	无 23 出现
006	126	出现 2
007	336	出现 3
008	345	出现 3
009	345	出现 3
010	134	出现 3
011	345	出现 3
012	344	出现 3
013	456	无 23 出现
014	246	出现 2
015	146	无 23 出现
016	225	出现 2
017	235	出现 23
018	345	出现 3
019	124	出现 2
020	122	出现 2
021	233	出现 3
022	346	出现 3
023	356	出现 3
024	124	出现 2
025	344	出现 3
026	344	出现 3
027	356	出现 3
028	356	出现 3
029	233	出现 3
030	145	无 23 出现

只有四期未出现第一期开奖号码中的数字 2 和 3。

用 005 期 115 的 15 两个数字找出了 006 期 126；

用 006 期 126 找出了 007 期 336；

用 016 期 225 的 2 两个数字找出了 017 期 235；

用 017 期 235 找出了 018 期 345；

用 018 期 345 找出了 019 期 124；

用 029 期 233 找出了 030 期 145。

验证结果表明方法是可行的，每一次开奖之前，首先定出一个胆码，然后围绕胆码采用螺旋选号的方法，轻松 10 注围中号码，中取奖金。

后 记

在购彩过程中要有"自救"意识。"自救"说简单了就是有节制地购彩。比如说，某个阶段内总在购彩却连连失败，原因在于周期定律，某一周期内会转变出号规律。在这一周期内最好的办法是预防性地购彩。也就是说，不是不买，而是用固有的选号方法尽可能少地购买彩票，等到偏离这一周期以后，开奖号码渐渐与选号方法选出的号码越来越接近，方可根据自己的经济情况购彩。

在本书中，选三型彩票012路选号方法是根据菠萝彩双色球微尔算法联想到的，并借用菠萝彩双色球微尔算法的一些内容进行讲解。

机会是创造而不是等待，掌握时机，博得先机。

本书部分内容来源于互联网，在此表示由衷的感谢！